岩波現代文庫／文芸 312

声の力

歌・語り・子ども

河合隼雄　阪田寛夫
谷川俊太郎　池田直樹

JN147540

岩波書店

目　次

子ども時代の「声と語り」

河合隼雄

「声と語り」というテーマで、自分の子ども時代を振り返ってみる。まず言えることは、自分の家族のなかに満ちていた「声と語り」の楽しさ、温かさ、ということだろう。今日の私を育んでくれた大切な要因だと思う。

両親も、それに男兄弟六人もすべて「お話」好きであった。夕食のときは、それぞれが「お話」をした。笑って笑って食事ができない、ということもあった。人の声に耳を傾けながら、その間に適当に自分も「語り」をする。私が今、身につけている「話術」は、子ども時代につくりあげられたものと言っていいだろう。

ところが、家の外は「号令」に満ちていた。絶対的な正しさ(当時はそう信じられていた)と、強さをもって、号令一下、全員が行動しなくてはならない。その「号令」

も終わりの頃には「怒号」に変わっていた。従わないものは命が危ういのだった。そのような「声」に従って生き、ときには、それに賛成したり、感激もしたのだが、私の「内なる声」は他のことを語っていた。

私の「内なる声」は当時の判断によると、極めて臆病ということになる。「死ぬのは嫌だ」、「殺すのは嫌だ」とそれは言う。小さい弱い声だが、決してひるむことはない。周囲の人たちの考えといくら異なっていても、自分の「内なる声」に従って生きる姿勢は、子ども時代に基礎をもっていると思う。その後の私の人生は、それに従って生きているし、大多数の人が「正しい」ということに、まず距離をおいてみる傾向も、子ども時代に身につけたものだろう。

次に、「語り」といえば、まず思いつくのは「昔話」である。私は子ども時代から「昔話」が大好きだった。西洋に対する強い憧れも、子ども時代に読んだグリムなどの西洋の昔話による影響が大きいだろう。

昔話を「語る」のも大好きで、小学校時代は、そんな点でクラスの人気者であった。「語り」と「歌」について。語りは心の高揚とともに「歌う」に向かってゆく。私は子ども時代から「歌」が大好きであった。田舎には珍しく、家には足踏み式のオルガンがあって、母親がオルガンを弾き、家族一同でよく歌を歌った。

人生を「語る」のと、人生を「歌う(謳う)」のとは、ニュアンスが異なる。自分の人生を「内なる声」に従って謳いあげること、それは理想の人生のように思える。あるいは、誰にでも可能な「幸福」の道、とも言うことができる。

「歌う」ことが語られる「昔話」についても言及したい。

「童謡の謎、わらべうたの秘密」要旨

阪田寛夫

このタイトルには唱歌が入っていませんが、童謡も唱歌も千年以上の歴史のある言葉です。童謡が書物の中に初めて出てくるのは日本書紀の皇極天皇二年十月のくだりで、この文字を「わざうた」と読んでいます。唱歌は万葉集や竹取物語に出ています。「そうが」「しょうが」と読むようです。

最初の童謡は「岩の上で小猿が米を焼いているから、せめてその米でも食べていらっしゃい、山羊のおじさん」という意味の歌詞で出てきます。これは蘇我入鹿《そがのいるか》が、聖徳太子の王子、山背大兄王《やましろのおおえのみこ》たちを焼き討ちするのを予感した子どもたちがうたった歌、と日本書紀の編者が解説を加えています。岩波の日本古典文学大系『古代歌謡集』の編者は、これを紹介して「無理な附会的解釈である」と評しています。

どうしてこんな歌をここへ入れたか？　これぞ童謡誕生の謎ですね。多分、中国から輸入した童謡という言葉の中に「政治諷刺を童子がうたう」、という意味があったからで、当時の新知識であった日本書紀の編者が、外来の文化をまるごと喜んで受け容れた証拠の一つのように思います。どんなフシで歌ったかは分かりません。

唱歌の方は最初は雅楽の用語として(練習の方法として)出発したようです。もとより雅楽は奈良時代、平安時代の人たちにとっての「洋楽」です。ただし竹取物語は日本書紀撰上よりも二百年ほど時代が下がっているので、登場する御曹子たちは、雅楽やそれが日本化された催馬楽《さいばら》の曲を、口三味線風に歌うことができた——実地に身についてきた証拠でしょう。唱歌はそのまま歴史のなかに生き残って、明治に入って学制が布かれてから、音楽教育のために最初に編まれた雅楽風の曲集「保育唱歌」にそのまま使われ、次に編まれた文部省編纂の洋楽による教科書にも、「小学唱歌」の名で転用されて現在に至っています。

一方、童謡の方は、政治諷刺という原義はいつのまにか廃れ、童子がうたう要素が残って、わらべうたを指すようになりました。大正半ばに文部省唱歌を批判して「童謡復興」を唱えた北原白秋の言う童謡とは、わらべうたそのもののことでした。

ところが白秋の拠った『赤い鳥』の新しい童謡は、わらべうたや、その音階を離れて、山田耕筰をはじめとする近代(西洋)音楽の楽想や技術を学んだ若い作曲家の手によって、日本の洋楽作曲事始めのように、洋風の芸術歌曲創作の最初のジャンルになってゆきます。服部公一さんの随筆「話のソナチネ」(『河北新報』二〇〇一年十月三日)によれば、「近代の芸術の中で「シャンソンとフランス」「タンゴとアルゼンチン」「ジャズとアメリカ」のようにそれぞれの国や民族によって特長あるポップスがある」が、「この考え方でいくと、われわれの場合は「童謡と日本」なのだな」と近ごろ気がついたそうです。これまたわらべうた・唱歌・童謡の謎の一つです。そして、音楽家でも学者でもない一介の文士の私が、なぜこういうお話をしたくなったか、これまた謎であります。

声の力

谷川俊太郎

聞いた話だが、胎児は四カ月のころから、もう耳が聞こえているのだそうだ。外界の音は聞こえないとしても、母親の心音や血液の流れる音などは聞こえるのだろう。もしかすると、母親の話し声ももちろん意味は分からぬとしても、そこにこめられた感情によって胎児になんらかの影響を与えているのではないだろうか。また臨死体験者によると、聴覚は最後の最後まで残っているものらしく、身内の人々が耳元で大声で自分の名を呼んだりするのが、わずらわしかったという話もどこかで読んだことがある。

たとえば小鳥のさえずりや犬の遠吠え、鯨が海中であげる、歌ではないかと言われるゆったりした抑揚を伴った鳴き声などにも、私たち人間は感応する。そこに意味だけではとらえきれない生き物の声のもつ力を感じる。ヒトの言葉も文字となる前は声だった。私たちは言葉を文字としてではなくまず音として、声として、耳と口を通して覚える。母親は生れた瞬間から赤ん坊をあやす。その声は意味を伝えようとする言葉ではなく、愛情を伴ったスキンシップとしての喃語《なんご》だ。声は触覚的だ。声になった言葉は脳と同時にからだ全体に働きかける。

ロシアかどこかの名優が舞台で背を向けて食事のメニューを読み、観客を泣かせたという話を聞いたことがある。文字を覚え、本を黙読する私たちはともすると声に出された言葉にひそむ意味を超えた力を見落とす。詩・韻文は現代では声を失いかけているが、それを補うかのように歌が巨大な市場を形成していることもまた、声のもつ不思議な力の存在の証しと言えよう。その力を感受する能力を私たちは胎児のころからつちかってきているのだ。わらべうたも昔語りも声にそのみなもとをもち、それは意識と同時にもっと深く私たちの意識下に働きかける。子どものころも、おとなになった今も。

私のアメリカの友人で、いわゆるストーリーテリングをしている男がいる。彼によると本を読む「読み聞かせ」よりも、自分のからだが覚えた話の「語り聞かせ」のほうがはるかに聴衆をとらえるそうだ。文字の発明は言葉に大きな力を与えたが、それが言葉からある種呪術的と言っていい力を奪った一面もあることを忘れたくない。母親たちが眠りにつこうとする子どものかたわらで、絵本などの読み聞かせをするのはいいことだが、その声に義務感のようなものがまじっていたら、子どもは敏感にそれに気づくだろう。子どもを育てていく上で、命令や管理の声をなくすことは不可能だが、同時に声は愛撫のひとつのかたちだということも、親は自覚していていいと思う。愛のこめられた声によって言葉を知り、言葉を覚えていくことが出来るのは幸せなことだ。その幸せに恵まれない子どもたちも、この世にはたくさんいるのだから。

人を優しくする子どもの歌

池田直樹

どうして、こうなってしまったんだろう……。ついこのあいだまで日本人は、謙虚で、恥を知り、優しかったのに……。「こうしたい！」という思いと「誰かに迷惑がかかる？」という心配を天秤にかけたら、誰でも自分の欲を抑えることが、出来たのに……。なぜ、こんなに自分勝手になってしまったのだろう、心が荒れてしまったのだろう……。

そんな時代にあって、この本のもととなった小樽でのセミナーは、とても貴重なものでした。優しい人がたくさん集まった会場でした。そこで私は、優しい人がさらに増えることを願いながら、次のような子どもの歌を歌いました。

「誰もしらない」　谷川俊太郎作詞　中田喜直作曲
「あめふりくまのこ」　鶴見正夫作詞　湯山昭作曲
「あら　どこだ」　神沢利子作詞　越部信義作曲
「おなかのへるうた」　阪田寛夫作詞　大中恩作曲
「やぎさんゆうびん」　まど・みちお作詞　團伊玖磨作曲
「つくだ煮の小魚」　井伏鱒二作詞　中田喜直作曲
「そぼろ」　わらべうた　亀山法男作曲

そして器楽の名曲に私が歌詞をつけた「池袋デパート物語」(原曲はドヴォルザーク作曲の「ユモレスク」)とオペラ『フィガロの結婚』(モーツァルト)より「もう飛ぶまいぞこの蝶々」も。

絵本を開く時、人は優しくなります。
子どもの歌を歌う時も、人は優しくなるでしょ？

「子どもの歌」といっても、大人が絵本を楽しむように、子どもの歌も、大人が楽しめる歌の世界です。交響曲を書くような作曲家も子どもの歌を作曲していますし、立派な文学者も歌詞を書いています。たとえば「ぞうさん」や「やぎさんゆうびん」はオペラ『夕鶴』で有名な團伊玖磨の作曲ですし、「つくだ煮の小魚」というおもしろい歌があるのですが、これは井伏鱒二の作詞です。これらの歌は、素晴らしい生命力を持った作品であり、また、演奏家がシューベルトを歌うように、一所懸命に、丁寧に歌う価値のある作品です。

小樽でも、心を込めて子どもの歌を歌いましたが、それは活字にはなりませんので、この本では、私が演奏家として感じた声の力、歌の力について書いてみたいと思います。

講演

人と人とを結ぶ声と語り

河合隼雄

命のリズム

きょうは「声と語り」としたほうが話が広くなるだろうということで、この題にしたのですが、私は来る間際まで迷っていました。というのは、童謡とわらべうたも出てくるから、童謡とか歌ばかりでいこうか、せっかくだから少しは語る話もしようかなと思って、それを迷いながら来たのですが、一緒にタクシーに乗っていた谷川さんに、「僕、やっぱり語りはやめて歌だけにしようかな」と言ったら、谷川さんが「いやいや、河合さんは語りをやってもらわなきゃ困る。あんたは語り屋さんだろう」と言われて、そういえばあちこちで語ってるなあと思ったんですけれども、それでちょっと語りのことも言うことにしました。それでも、せっかく童謡もテーマに入っていますから「語りを忘れたカタリヤは」という歌でも歌おうかと思ったんですが、ちょっと作曲ができませんでしたので、また別の機会にしたいと思います。そんなわけで、まず初めに語りのほうにいきます。

「人と人とを結ぶ」ということは大切です。私はこのごろますます思っているんですが、その根本として、やはり家族のあいだで人と人とが接するということが、すごく大きいのではないでしょうか。自分が子どものころを思い出しますと、やはり家族のあいだに人と人とを結ぶ語り、あるいは声がすごくあったなあと思います。

これは私の家族の話とは違うんですが、人と人とを結ぶという点で、いま、ふっと思い出したことがあります。最近われわれ専門家の仲間で見せてもらったビデオがありました。子どもさんが生まれるときにいろいろな問題が起こりますね。早く生まれる子もいるし、いろいろ障害をもって生まれる子もいますし。そういう子どもさんの親の心のケアを担当している橋本洋子さんという臨床心理士の方がいるんですが、その人がそのビデオを見せて下さいました。あるお母さんがボランティアになられて、「結構です、どうぞして下さい」というわけで、生まれたての赤ちゃんを裸のままでお母さんの胸の上にポンと乗せているんです。そうすると、赤ちゃんがどういうふうにするか、お母さんがどういうふうにするかという、二十分ぐらいのビデオなんですが、これは是非みんなに見てほしいと思います。なんにもないんですけど、ほんとうに感動します。

もちろん生まれたてですから目は見えないんですけど、だんだん目を開けてお母さんのほうをちらっと見たりするんですね。そうすると、お母さんの言われるのは「ウーウー、フーフー」とか、そういう声になるんですね。そのときに「ようこそ、お出で下さいました」とか、「初めまして」とか、そんなことを言うお母さんはいないと思うんです。口をついて出てくるのは、そういう一種のリズムというか、息づかいというものなんです。すると赤ちゃんのほうも、なにかそれに同調しているんですね。赤ちゃんは何も言いませんけれど、もう二人が合っているという感じがしてきます。そして実際には、相当早く赤ちゃんの目は見えるみたいですね。ほんとうに「命」というのはこういうものだなという感じがします、その二人の関係がね。

そして面白いのは、しばらくたって看護婦さんが抱いて体重を量りに連れていくと、その間じゅう赤ちゃんは泣いていますね、ものすごい馬力で泣いています。ところが帰ってきてお母さんの胸の上にポンと乗せたら、ぱっと泣き止みます。もうそこで完全に安定している。そこで二人の息のリズムみたいなものが合うのです。もうひとつ、僕が感激したのは、お父さんが来られて、お父さんが抱かれたら、抱き方は看護婦さんよりはるかに下手ですけど、赤ちゃんは泣きませんでしたね。ほんとうに親孝行な赤ちゃんという感じで、ああいうところもすごいなあと思いました。なにかやはり、家族全体のお互いの流れというか、リズムというか、そういうものがあるんじゃないでしょうか。調和しているリズムのようなものが根本にあるように思います。それが家族中にみんなあって、それがこんどは言葉になり、それこそ語りになっていくわけですが、そういうなかで語るということで家族関係ができる。

家族のなかの語り

私の家は兄弟が男ばかり六人でして、父親も母親も話好きでしたから、しょっちゅう話をしていました。夕食のときなんていうのはみんな口々にいろいろな話をするのです。そうすると、よほど面白い話をしないと聞いてくれないわけで、うまく頑張らねばならない。ところが、そうかといってあんまり作り話をすると、他人は辛抱して聞くかもわかりませんが、兄弟は辛辣ですから、「そんなん嘘やろ」とか言われたら、いっぺんに参ってしまう。そういう訓練を私は小さいときからやったので、語るのがうまくなったのじゃないかなと思います。これは非常に楽しかったし、よかったなと思います。

それと、もうひとつ私が語りという点で思い出すのは、私の父親が、滅多にないんですが、ときどき子どもに話をしてくれたんです。このごろだいぶそういうことが普及してきまして、絵本の読み聞かせとかをやられる方が多いですが、私は読み聞かせよりは直接の語りのほうがよっぽどすごいと思います。というのは、読み聞かせというのは、下手な人は本のほうに心がいっているんですね。ちゃんと読まねばならないとか、ここは恐い声で言おうとかやっているわけだけれど、子どものことは忘れられたりする。ほんとうは子どもとの関係のなかでなされてこそ意味があるのです。その点で語りというものは、私の父親のように、自分の覚えているのをしゃべってくれるので、はるかに人と人とのつながりがあると思うんです。

それですごく覚えているのは、たとえば「岩見重太郎の怪物退治」というのがあるんですが、どういうところが必ず出てくるかというと、その怪物をやっつける前に岩見重太郎がまず酒を呑むんです。そして「ひと寝入り」というところがある。ひと寝入りして、「フオーッ、フオーッ」とかいって岩見重太郎が寝ているうちに、だんだんおやじが寝るんじゃないかと思いまして、僕はだんだん心配になってきて、でもあんまり早く起こしたら悪いしと思ったりして、「お父さん、お父さん」と言うと、「あっ、うっかり寝てしまうところだった」とかなんとか言って、それがもうほんとうに印象に残っています。そういうふうな語りで心と心が通じるということは、私の人生にとってたいへん大事だったし、私がいまこういう仕事をしていることとも大いに関係があるだろうなと思っています。

全身で歌を遊ぶ

それから、歌のほうですが、歌を歌うのも家中大好きでした。男性ばかりですが、歌が好きで、しかも母親が音楽が好きだったんです。私は兵庫県の篠山《ささやま》というところに生まれましたので、相当な田舎ですね。その田舎にしては珍しく私の家に足踏み式のオルガンがあったんです。それはなぜかというと、私の母親は昔の師範学校を出まして、少しのあいだ教師をしていたのですが、その師範学校で音楽を習いますから、それでオルガンなども弾いていて、音楽が好きだったらしいんです。そういうわけで母親がオルガンを弾いてみんな寄って、土曜日なんかしょっちゅう歌を歌っていました。そのうちに兄たちも見よう見まねでオルガンを弾くのが上手になって、誰かが弾いてはみんな歌うということをしていましたが、それも私にとってはすごく忘れ難いことです。

そういうのと、もうひとつあるのは、兄弟が多いですから、歌を歌ったりしゃべったりしているうちに、みんな物語が好きになりますね。物語が好きになると、それを兄弟で演劇というか、芝居遊びをやっていたんですが、きょうは歌と語りですので、歌のほうでふっと思い出したのは、よくやったのは「ブレーメンの音楽隊」。たしか僕らが子どものころは「ブレーメンの音楽師」と言っていたように思うんですが、この話が好きなんですね。これ、家中でやるのにちょうどいいんです。下の弟がニワトリになって、僕がその次のネコになって、兄弟四人でやるとしたら、イヌとロバとちゃんと揃っているわけです。もちろんクライマックスだけやるわけですね。要するに、泥棒がおるところに行って、うわっとみんな一緒に、「コケコッコー」とか、「ワンワン」とか、「ニャンニャン」とか言うといて、こんどはぱっと四人で泥棒になって逃げる側をやったり。これ面白いのは、そういうのをなんべんやっても飽きないということですね。なんべんもなんべんもやってました。だから、僕はドイツのブレーメンへ行ったことがありますが、そのときはなんとも言えん嬉しかったですね。前からほんとうにいっぺん行ってみたいと思ってたんです。ブレーメンでは音楽師に会いませんでしたけど、この遊びは家中ですごくやったのです。

この「ブレーメンの音楽師」のことをお話ししながら、ここでふっと思い出したのですが、子どもというのはほんとうに馬鹿みたいなことをどれだけ喜んでやるかということです。どんなのかというと、私が幼稚園のときに家中で海水浴に行ったことがあるんです。そのころの篠山なんていうのは、海を見たことがない人がたくさんいるぐらいのところでしたから、海へ行って、われわれはすごく感激したのですが、そのときにものすごく印象に残ったのは、漁師の方が網を引かれるんですね。それが歌というか、節というか、リズムがあって、みんなで掛け声をかけながら網を揚げてこられる。それがものすごく印象に残った。印象に残ったらもう帰って必ずやるわけです。これが面白いですね。だいたいそういうときの指導者は河合雅雄という兄ですけど、あれが指導者になって、迪雄というのと僕と、もう一人いちばん下の四人でそういうことをよくやっていました。考えてみたら馬鹿みたいな話ですけど、腰紐かなんかを連ねて、いちばん先に壊れた自動車かなんかをくくって、私の家の古い家は二階の下の屋根がずうっと長くて、そして一階になるんですが、その二階からその紐をぱあっと放り投げて、四人で網引きをやるんです。

そのときに、これは聞き間違ったのか、実際そうやったのか知りませんが、私はそのときの掛け声をいまでも覚えておるんですが、それを僕らは「エントンコンションン」いうてやってたんで、もうなにかあると、兄貴が「おい、エントンコンションやろか」「やろ、やろ」いうて、それをボーンと投げては、「エントンコンションン」いうて引き揚げて、またボーンと投げては……。なんであんなことを毎日やってたんやろと思うんですが、それでも結構それが面白いんですね。だから「エントンコンション」って、僕はいまでも覚えているんですよ。で、兄弟がいまでもよく集まって、酒を飲んだときにそういう話をすると、みんな感心して「おまえはよっぽどアホなことを覚えてるな」と、いつも言うんですけど、兄弟はそういう「エントンコンション」というようなことは忘れてるんじゃないかな。私はそういう細かいことまで覚えてるんですがね。

あれ、なんであんなむちゃくちゃ面白かったんだろうなんて思ってたんですね。そうすると、じつはここへ来るちょっと前に、みなさんよくご存じだと思いますが、猪熊葉子さんという児童文学の研究者の方がおられます。この猪熊葉子さんが白百合女子大学を退官されますので、児童文学の最終講義というのをされて、その最終講義の本(『児童文学最終講義』すえもりブックス)が送られてきてたんです。これ幸いと、ここへ来るまでのあいだに読んだのですが、読んだらちゃんとこれに答えが書いてあるんです。うまくできていますね。猪熊さんはチェスタトンのエッセイから次のようなことを紹介しておられます。

結局、昔は労働者には歌がつきものだった、と。そうですね、綱を引くというのは、それは単に引いているのではなくて、その人全体がそれに関わっている。だからこそそこには歌が出てくるんですね、あるいはリズムが出てくる。赤ちゃんとお母さんみたいなものです。その歌を歌いながらやるからうまくいくんだ、と。だから子どもが感激して真似するのは当然だと思いますね。子どものときというのは、頭だけというよりは、からだ全体ですることがいちばん楽しいので、なんべんやったって飽きない。ほんとうにそうですね。だから労働に歌はつきものなのだ、と。ところがそれをみんなやっていたのに、「近代になって、生活のなかからそういう歌が失われてしまったことを彼（チェスタトン）は非常に残念がっております」と書いておられ、私も同感です。

そしてその次がいいんです。大学の教師だって、講義をしながら歌を歌ったらいいんだ、と。もっとすごいのは、私だったらこういう歌を歌う、と書いてあるんです。みなさん、どう思いますか。私は猪熊先生にもお会いしたことがありますが、この方はクリスチャンで、良家の子女ですから、どんな高尚な歌を歌われるのかと思って見たら、こんなことが書いてあります。これ、猪熊さんが歌っている歌ですよ。「並んでいるのは茶髪にがんぐろ、こっちじゃ居眠り、あっちじゃ携帯、これじゃ教師はやってられん」と(笑)。……いいですね。

「チャイルドネス」から世界を見る

こういうふうな感じで語りや歌と関わっているというか、生きているというか、そうすると、非常に楽しいのじゃないでしょうか。そういうことが、いま、いろいろな歌になっていて、そしてみんな歌を歌っていると。そんなわけで、私は子どものころに歌っていた歌が大好きで、いまでもよく覚えています。じつは昨晩はカラオケをやっていまして、そのカラオケで童謡ばかり歌っていたんです。私はふだんはカラオケというのはしないんです。カラオケというと、なんか一字違いのもうひとつのオケ(桶)にだんだん近づくような感じがしたりして、あんまり好きじゃないんですけれども、小樽に来たときだけするのは、童謡が歌えるからです。童謡で懐かしい「朧月夜」とか、ああいう歌を盛んに歌っていたのですけれども、童謡を歌って喜んでいるなんていうと、ときに馬鹿にされるときがありますね、子どもっぽいとか。それからもうちょっと難しい言い方をする人は、子ども時代にかえって逃避ばかりしている、ほんとうはそんな童謡なんか歌っているときではない。テロをどうするのかということが問題のときになにが「朧月夜」や、そういう子どもっぽいことばかりやっているからろくなことがないんだ、というようなことを言う人がよくいるんですが、私はそうは思っていないんです。で、またそのこともちゃんと猪熊さんの本に書いてあるんです。この本がなかったら、きょう、どんな話をしようかと思ってたのですが、これ、読みたてのホヤホヤなんですけど、ちゃんと書いてあるんです。僕はそういうことがよく起こるんですよ、不思議にね。あんまり考えんと来たら、谷川さんが、語り屋の話をせい、と言うし、これがあるし、というわけで、だいたいうまいことといくんですが、これにこういうことが書いてあります。

そういうときに、英語でいうと、「チャイルディッシュ(子どもっぽい)」という言葉がある。チャイルディッシュとか、もうちょっとましで「チャイルドライク」という言葉もあるけれども、もっと大事なのは「チャイルドネス」ということではないか、と書いてあります。つまり、子どもっぽいとかいうのじゃなくて、「子ども性」といったらいいんですかね、それを大人になった人たちは、自分の心のなかにどう位置づけているんですかと言うのです。私は先ほど児童文学ファンタジー大賞の選考に関しての挨拶のなかで、ファンタジーについて考えを述べました。ファンタジーによって現実から逃げているのではない、ファンタジーという世界からこの世を見るということが、じつにいろいろなことをわれわれに考えさせてくれるのだということを言いましたが、私の心のなかのチャイルドネスというものによってこの世を見ようではないか、あるいはこの世に当たっていこうではないか、と考えますと、これはなにも逃避ではなくて、むしろそこから新しい知恵が出てきたり、パワーが出てきたり、そういうことになるのではないかと思っています。私は、年齢のわりに元気ですね、とよく言われるのですが、チャイルドネスは元気なことのひとつの要因かもしれませんね。私が持っている子ども性がなかなかうまく作用して、それでやっているということが言えるかもしれません。

橋をかける

そういう意味で、チャイルドネスということの大事さ、そしてそれが歌と結びついて出てきている本として、『だいくとおにろく』(福音館書店)の話をしたいのですが、この話も僕はすごく好きな話なんです。話の筋は、だいたいみなさんご存じだと思いますけれども、川に橋をかけて、いくら橋をかけても川の流れがすごくて潰れてしまう。そのときに、ある有名な大工さんに、つくってくれと頼むんだけれど、大工さんがこのすごい川にどうしてやろうかなと思っていたら、鬼が出てきまして、つくってやるかわりに、おまえの目玉をくれということで、大工が困っているのを助けて鬼がバーンと上手な橋をつくってしまうんですね。そのかわりに目玉をくれと言う。大工がそれは困ると言うと、俺の名前がわかったら目玉をとるのはこらえてやると言うんですね。それで大工は困った困ったと思って山の中に入り込んで、奥の山のほうへ行きますと、ここがいちばん大事なところなんですが、「だいくは、どんどん　どんどん、にげて　にげて、あてもなく　やまの　ほうへ　にげていった。そして　あっちのやま、こっちの　たにと、あるいていると、ふっと　とおくの　ほうから、ほそい　こえで　こもりうたが　きこえてきた」――ここで子守歌が入ってくるんですね。その子守歌がどう言っていたかというと、「はやく　おにろくぁ　めだまぁ　もってこばぁ　ええ　なあ――」という。要するに、鬼六の奥さんと子どもがこの子守歌を歌って、目玉がくるのを待っているわけですね。それで鬼六という名前がわかったので、鬼に、おまえの名前は鬼六だというので、鬼が降参して逃げて行ったという、そういう話なんです。

この話は、僕は大好きなんです。どんなところかというと、みなさんどう思われるか知りませんが、川の流れのきついところに橋をかける、なんていうと、私はすぐに自分の仕事を思い出すんです。私は橋づくりをやっていることがすごく多いのじゃないかと思います。相談に来る人、夫婦の仲が悪いという人は、その二人のあいだにどういう橋をかけるか。上司と喧嘩している人は、上司と部下のあいだにどういう橋をかけるか。親子で喧嘩している人は、親と子のあいだにどういう橋をかけるか。というので、いろいろな意味で仲介といってもいいし、橋をかけるといってもいいんですが、私はそういう橋をかける仕事をしているんだなあとよく思っているんですけれども、みなさんわかると思いますが、そういうときにちょっとぐらい橋をかけても流れでパーンとやられてしまうことが多いです。私の目の前では「これから仲良くします」と言った人が、出たらもう喧嘩したりしていますからね、なかなか橋というのはかからない。

実際に橋をかけるときには、どういう橋をかけるかということを、ものすごく頑張って、こうやったらいい、ああやったらいいといってつくる。これは科学的に科学技術の力をもって橋をかけるわけですね。ところが『だいくとおにろく』の場合は科学技術じゃなくて、鬼が作っているんですね。これは僕のやっていることと似ているなと思うのは、そういう仲の悪い人が来られたら、二人を仲良くするためのテクニック、技術というのがあるのじゃないだろうか、奥さんと話をするときは「奥さん、こんどご主人と会うときには、嫌でもいっぺんニコッとして下さい」とかいって、ちょっとやってもらって、「ああ、その顔その顔」とかいって、こんどご主人のほうには、「はい、やって。……それはちょっと硬いね、もうちょっとニコッ」とかいって、また「はいッ」ってやって、二人がニコッとやったところで、そこで「ちょっと握手をしたらどうですか」とか、いろいろ考えて、あるいはうんと腹が立ったときでも一分こらえて、こう言ったらどうですかとか、いろいろそういう練習をして、だんだんだんだん夫婦を仲良くさせていこう、――なんていうのは、聞いていたらすごくいいみたいですが、まず失敗しますね(笑)。ほんとうなんです。

みんな誰でも、なにかいいテクニックがあるだろうかと思って考えますが、それはある程度ないことはないです。いろいろな技法というものがあります。それはわれわれのカウンセリングの技法といい、あることはあるんですが、そういうのですぐ治る人は簡単です。そんなのは簡単で、別にやかましく言わなくても、橋はすぐかかるんです。ところが、あいだを急流が流れている場合は橋がかからない。そんな場合どうしたらいちばんいいかというと、自分がつくるのをやめるんです。そんなのは鬼がつくってくれるんです。ここが大事なんですね。この、鬼にまかすということが僕らの仕事のいちばん大事なところではないかと思っています。つまり、私がこの二人に橋をかけるのではない、あなたがかけるのでもない、この人がかけるのでもない。誰がかけるのやといったら、鬼がかけるまで待ちましょう。そうやってたら案外かかるんですね。ところが、かかるんだけど、後が怖いことが多いんですよ。目玉を取られそうになったりするんですが、その解決のときに子どもの歌っていた歌、子守歌というのがすごい知恵をもってほっと聞こえてくる。それは言うてみれば、私の力でもないし、人の力でもないんだけれど、もういっぺんわれわれが、子どもの声というか、子どもの歌というか、そういうものを聞く耳を持ってきたら、うまく橋がかかるんではないかなと私は思っています。

だから、いろいろ相談に来られても、こうしたらよろしい、ああしたらよろしいとか言うことはすごく少ないです。それは言ったって、だいたい効果のないことが多いです。あたりまえでしょう。喧嘩している人が二人で来て、「これから仲良くね」と言ってもうまくゆかぬのは、あたりまえですよね、仲良くできないから来ているんですから。だからそのときにそういうのをやめて、なにが大事かというと、あなた、あるいは私の心のなかの子どもの歌ですね。それが、猪熊さんが言っておられる言い方をすると、その人のチャイルドネスというものですね。そういうふうなものに頼れないだろうか、そういうものの声は聞こえないだろうか、という仕事を僕はしているのではないかなあといまは思っています。そのときに、子どものときに読んだ昔話とか、子どものときにしたこととか、そういうのがすごく私に大きな意味を持ってくるというところが大事なことじゃないでしょうか。

号令へのチャイルドネスの抵抗

そんなわけで、子ども時代にそういうふうにしゃべったり歌ったりしたことが私は非常にありがたいと思うんですが、子ども時代を思い返しますと、もうひとつ、まったく違う声が出てくるんです。それはなにかというと、号令です。声は声でも号令というのがあるんですね。命令というのがあるんです。私が子どものころはそちらの声のほうがよっぽど大きかったわけです、「気をつけッ」とかね。もうまったく軍国主義の時代でしたから、先生のなかでもいちばん威張っているのは、教練の教官です。いまの若いひとでわかる人は少ないのじゃないかと思いますが、中学校から教練というのがあったんです。いまのように数学や国語というのは、もちろんあるんですよ。あるんですけど、ちゃんと一週間にいっぺん教練の時間というのがあって、それは少尉ぐらいの人が来まして、みんなばあっと並ばされて、「気をつけッ」とか、それから銃をぱっぱっとかつぐとか、そんなのばかりやらされるんです。それ、みんな号令。その号令にちょっとでも後れたらすぐ殴られるとか、蹴飛ばされるとか、そういうことがあった、そういう時代です。だから、同じ声でもそういう声があるということを私は子どものときにすごく体験しているんです。

そして、だいたいまあ、僕の性分に合わなかったと思うんですけれども、そういう教練とかをやりだすと、なんかすごくおかしいことを思いついたり、すぐおもろいことを見つけたり、そういう才能があるものですから、みんな厳粛にやっているんだけれど、僕はどうも笑えてくるんです。教練なんていうと、みんなが銃を持って並ぶんですね。そうすると、私は成績が良かったから小隊長とかいうやつになっているわけです。そうしたら剣を持ってみんなの前にいまして、「前へ進めッ」とか言って、ダッダッダと歩くんですね。そうして向こうに校長さんがおられたら、校長さんの前で「かしら右ッ」とやらなきゃいかんわけです。ところが歩いているうちに、向こうのほうに見えるなにかから連想が湧いてきて、もうおかしくておかしくて、僕はみんなの前を笑いながら歩いているんですが、思春期ですから、思春期というのは誰かが笑うと、みんな伝染するんです。僕の小隊はみんな笑いをこらえて歩いていて、「かしら右ッ」というのがなかなか言えない。やっとの思いで「かしらッ」と言ったら、次の「右ッ」がなかなか言えないんです。そうすると、だんだん校長は迫ってくるし、「右ッ」が言えないしと思うと、面白いから後ろがよけい笑うのを、もう死に物狂いで「右ッ」と言ったら、みんな笑ったやつがニターッと校長さんの顔を見るから、校長先生はなんか服装が悪いんじゃないかと思ってぱっと直したりされて、こんどは「なおれッ」というのがなかなか言えないんです。そうすると、もうどこまで行ってもみんな右向いて（笑）。

そういうことをやって、僕はさっき言ったように成績は良かったんですが、子どものころから怒られたのをいろいろ思い出すと、ほとんどは笑って怒られたか、誰かを笑わせて怒られたかです。「笑う門には福来たる」ということわざがありますが、僕はそのころ、「笑う門にはフグ来たる」とよく言ったんです。それでブーっと顔ふくらせて怒られてばかりいたんです。いまから思うと、そういう、一斉に全員が号令のもとに動くということに対する、まさに私のチャイルドネスの抵抗だったろうと。いま思えばそう。しかしそのころはほんとうに情けなかったです。もう笑わんとこと思うんだけれど笑うし、それから必ず何か面白いことを見つけるんですね、見つけんでもいいのに。そういうふうなことをやっていました。

人生を語る、人生を歌う

その号令というのがもちろんいまはもうなくなってきたわけですが、それと結びついてあったものに軍歌があるんです。軍隊の歌ですね。私が子ども時代を思い出すと、童謡もたくさん思い出しますけれど、軍歌も出てきます。その軍歌のなかで、これは面白いので、あとの討議でできたら話題にしてもらったらいいなと思うんですが、やはりそこは日本人で、軍人の歌であるのに、勇ましい歌よりも悲しげな歌のほうがよく流行るんです。中国との戦争が始まったのが僕が小学校の三年か四年ぐらいだと思いますが、そのころどこかの新聞社が軍歌の募集をして、そのときに歌が二つ当選したのですが、一番のほうは非常に元気のいいやつです。題は忘れましたが、「雲わき上がるこのあした……」というようなすごく元気な歌なんです。二番になったのが「露営の歌」。これは皆さん知っている人が多いんちがいますか。「勝ってくるぞと勇ましく……」という、あの歌です。勇ましいわりに、えらい悲しい歌ですね。そうすると、その一番の歌はもうほとんど忘れられて、じつは二番のほうがよっぽどみんなによく受け入れられた。だからやっぱり日本人というのは戦争で戦っていても短調の歌。「予科練の歌」なんていうのがありましたが、あれも短調です。軍歌といいながら、そちらの悲しいほうの節の歌をみんな好きで歌っていたというのは、これは日本人のことを考えるうえで、すごく面白いことではないかと思います。

しかし、これもひとつの教訓かもしれませんね。一番のほうがあまり知られず、二番のほうが評判がよかった、などというと、やはり大賞よりも佳作のほうがいいのじゃないかと思う人もあるかと僕は思うんですが、なかなか評価というのは難しいものですね。そのときはおそらく軍歌選定審査委員なんていうのがおられたのではないかと思いますね。その審査委員がいろいろ言って、「これは勇ましくてよろしいでしょう、一番」。ところが二番のほうが評判がよかったというわけで、われわれもその点、気をつけねばいかんと思いますね。

話が横へいきましたが、そんな声の号令というものはいまの世のなかからズンズン消え失せて、いまはもうほとんどみんな号令を聞かれることはないと思います。ただ難しいのは、そうすると、一斉にみんなが行動することは絶対なくなったかというと、そういうことはないですね。あるいは考えてみたら、人間みんなすべて人を殺してはならない、というようなことは、これは号令ではないにしても、命令といっていいかもしれませんね。そういう声、私は心のなかから聞こえるチャイルドネスの声と言いましたが、心のなかから出てくる声、「汝ナニナニするなかれ」という、そういう声も聴こえてきますね。そういう声もわれわれの心のなかにはあって、そしてそういうのが歌になる場合はどうなっているのだろうとか、そういうのは歌にならないのだろうかとか、そういうことも考えてみると面白いのではないかと思います。

最後に申し上げたいのは、私は先ほども谷川さんに言われたように、歌よりも語りのほうで、語り屋さんなんですが、だからそういう意味で物語というのが大好きで、このごろよく言っていますことは、自分が生きているということは、自分の人生の物語を生きているんだ。これは私が主人公で、世界に一つしかない。しかも過去にもなかったし、未来にもないだろう。唯一の物語というもの、「河合隼雄の物語」という物語を僕が生きているんだと思うと、なかなか面白くなってくるんですが、そのときに物語るだけではなくて、私の人生を語るということのほかに、私の人生を歌う、実際そういえば、人生を謳歌するなどという表現もあるのですが、自分の人生ということを語るだけではなくて、歌うということも考えてみれば面白いのではないか。そういう点では、きょうのこれからの話を聴きながら、みなさんそういうことも考えて下さったらいいのではないかと思います。どうもありがとうございました。

童謡の謎、わらべうたの秘密

阪田寛夫

口をついて出てくる童謡

私は「童謡の謎、わらべうたの秘密」というお話をいたします。じつは今朝起きてカーテンをあけたら朝日がさして海も光っている。ああ今日もお天気かな、しかし昼から人前で長話をしなきゃいけないけれど、うまくいきそうもないなあ、なんて思っておりましたら、突然「ゴットンゴットン汽車さんが」という歌が出てきたんです。若い方はもちろん、ご年配の方もこんな歌はご存じないでしょう？「お色は黒いが弱虫だ、いつでもひとりで歩けない、大勢そろってゴットントン」というのです。「お色は黒いが」というところをまちがって「おいどは黒い」と覚えていて、お尻の黒い汽車というのは鈍重な自分の悪口のような気がして、でも気にしていると思われたくないから、なるべくそっけない顔して歌っていました。

年をとると、こんな工合に、脈絡なしにむかし歌った童謡が口をついて出てくることがあります。せっかく北海道に来ながら、白秋の「この道」でも思い出せばいいのに、色の黒い機関車の歌のような、誰も知らない、さえない歌が出てきます。いつぞやも「風鈴さんは秋になるとかわいそう」というひとふしがアブクのように浮かんだことがありました。

「チンチン鳴って
　いつまで鳴っても
　大人も子供も出てこない」

だいたい歌詞も曲も、当たり前でどうということもない歌が多いです。もし私が童謡作詞作曲コンクールの審査員なら、ABCランクのCランクにためらわず入れるような歌ばかりです。……ということは、幼いころの私の鑑賞能力が、かなり低かったという証拠になるのでしょうか。それとも大人からじいさんになるまでの酸っぱい時間の流れのなかで、子どものころの素朴な感覚とは違う悪しきプロ風判断基準のようなものを、サビのように身につけてしまっていて、そのサビが、むかしはまっすぐ自分の心の奥深くとびこんできた歌も、平凡だからダメだといいばってCランクに追いやってしまったのか。私にとっては由々しき問題です。これはあとでまた触れることにして、お話を進めます。

二〇〇一年九月のはじめ、この講演会の打ち合わせが東京神田の出版社の地下会議室で行われました。会議のおわりに、出版社からみなさんの当日のお話のタイトルを、と言われて困りました。そんな質問が待っていようとは露知らず、のこのこ会議に出かける方がおかしいのですが、見かねた河合隼雄さんが「童謡の謎、わらべうたの秘密」にしてはどうですかと言ってくださいました。ありがとうございます、と早速アイディアをいただいたんですが、日がたつにつれて、ゆるやかでいいタイトルだなあ、さすが河合さんだなあと感謝の思いが強くなりました。これならまことしやかに筋を通して証明なんかしなくていいし、分類も分析もいらない。謎を解く、と約束しているわけじゃないから、ふしぎに思われることを思いついた順に並べるだけでも叱られない。どうして童謡は童謡と言うんですか？　童謡ではみんながかわいい子になってしまうのはなぜですか？　世界で一番はじめの童謡はなんですか？　曲がつかないのは詩で、曲がつくと童謡になるの？　こういう謎や秘密を順不同に並べさえすればよさそうな工合なので、それで安心して昨夜もぐっすり眠りました。

漱石が越えた「わらべうた」の境界

それでは早速、童謡の謎に移ります。なぞなぞの第一は、むかしむかしの日本の童謡のはじまりは？という問題です。その前にひとこと。童謡という漢字は、ワラベのウタと書きますね。だから童謡とわらべうたはもともと同義語で、少なくとも江戸時代から明治なかばくらいまでの人が童謡と言えば、わらべうたを指していたと思います。明治二十二(一八八九)年生まれの詩人三木露風が大正時代に書いた「童謡論」には、「諸国童謡」という名でむかしから伝わるわらべうたのことが論じられています。露風より二十二歳年長の夏目漱石は、「童謡」という題で詩を書きました。明治三十八(一九〇五)年一月号の『ホトトギス』に載せたものですが、

源兵衛が　練馬村から

大根を　　馬の脊につけ
御歳暮に　持て来てくれた

に始まる六連の詩でした。ご承知の通り漱石さんは、年少の友人高浜虚子に勧められて始めた連句から、一人で作る「俳体詩」を書き始めたのでしたが、よく分かって面白いからこの続きも読んでみます。源兵衛は練馬のお百姓です。市内の夏目家に下肥《しもごえ》を汲ませてもらっているので、義理がたく年末に大根をお礼に届けたわけでしょう。

源兵衛が　手拭でもて
股引の　埃をはたき
台どこに　腰をおろしてる
源兵衛が　烟草をふかす
遠慮なく　臭いのをふかす

すぱ〱と　平気でふかす

源兵衛に　どうだと聞いたら
さうでがす　相変らずで
こん年も　寒いと言つた

源兵衛が　烟草のむまに
源兵衛の　馬が垣根の
白と赤の　山茶花を食つた

源兵衛の　烟草あ臭いが
源兵衛は　好きなぢゝいだ
源兵衛の　馬は悪馬だ

江藤淳の『漱石とその時代』(新潮社)によれば、当時正宗白鳥がこれを激賞し、対照的に文体や文字を凝りに凝った上田敏の詩をけなしています。私もこの詩が大好きです。口語詩のはじまりは川路柳虹の「塵塚《はきだめ》」だと日本の詩の歴史には必ず書かれていますが、漱石の源兵衛の詩は「塵塚」より二年早いのです。

おそらく当時の詩壇は、美辞麗句と新奇な題材が勝負で、それ以外を詩とは認めない傾向があって、漱石が源兵衛の俳体詩を「童謡」と題したのは、雑魚《ざこ》のトトまじりを恥じる思いもあったからでしょう。とても詩だなんて思っていません。しょせん、子どものたわごと、わらべうたのたぐいです。そういう卑下の心持ちが題名の「童謡」になったのかもしれません。

しかしここで、漱石は「わらべうた」の境界を越えてしまいました。歌詞に作者の名前がついたからです。「これっくらいの　おべんとばこに……」も「向こう横丁のお稲荷さんへ……」も作者名がありません。近・現代の童謡は、このあたり(二十世紀初頭)からそろそろわらべうたと分離し始めたと申してよろしいのでしょう。「近代童謡運動」が、漱石の弟子である鈴木三重吉の呼びかけに応じた詩人北原白秋によって、雑誌『赤い鳥』を舞台に十分自覚的に始められたのは、漱石の「童謡」から十三年後の大正七(一九一八)年でした。

なお、漱石が「童謡」と同じ明治三十八年一月号『ホトトギス』に連載の第一回を載せた『吾輩は猫である』には、「うさぎとかめ」の歌が出てきて、主人公の幼い娘たちが毬つきをしながら夢中で「何とおっしゃる兎さん」と歌っている箇所がありま す。ただし漱石はこの歌を童謡とは言わず、猫の「吾輩」をして「唱歌」と呼ばせています。「うさぎとかめ」は石原和三郎作詞、納所弁次郎作曲で明治三十四(一九〇一)年に納所と作曲家田村虎蔵による「言文一致唱歌」の創作活動のなかで生まれました。

猫も知っている唱歌ですが、ついでに説明すれば、唱歌は童謡、わらべうたと違って言葉のなかに子どもという意味を含んでいません。もともと雅楽の用語で、口三味線のように、楽器の練習をするためにトーラーロールロなどと唱える行為を指します。これも古い言葉で、十世紀に生まれた竹取物語に、かぐや姫の求婚者たちが竹取の翁の家の前で、何分の返事を待ちながら、唱歌を口ずさむ場面があります。貴族の御曹司たちが、手すさびに雅楽器を習っていたのでしょう。「しょうが」もしくは「そうが」と読みます。のちに雅楽器に合わせて歌を歌う意味にも使われるようになり、十九世紀に入って明治五(一八七二)年の学制施行に、音楽の科目名として小学校は「唱歌」、中学校は「奏楽」を習う建前になりました。ただし教科書も先生も間に合わず、「当分コレヲ欠ク」という処置をとられます。やがてお傭《やと》い外人教師メーソンの助力を得て文部省唱歌教科書の編集が始まり、最初の一冊が明治十四(一八八一)年に発行され、これによって、「唱歌」の時間に「唱歌」を歌うようになる。つまり学科も教材も唱歌となったわけでした。

なお、「うさぎとかめ」はいまでは同じころにできた「キンタロウ」や「モモタロウ」などと一緒に「童謡」の仲間に入れられています。子どもの遊びにも使われるから「わらべうた」の一種にもなりました。

というわけで、脱線している間に、現代の童謡のはじまりについては、思いがけず片が付きましたが、先ほどの「むかしむかしの日本の童謡のはじまり」のなぞなぞに戻ることにいたします。

日本書紀にある童謡のはじまり

じつは幸か不幸か、古代の文献に、はっきりと童謡の名で歌詞が載っているのです。それもあやしげな資料じゃなくて、一番古い勅撰の編年体の正史、日本書紀の本文に、皇極天皇から始まって、中大兄皇子《なかのおおえのおうじ》のクーデターをはさんで、孝徳・斉明（皇極の重祚《ちょうそ》）・天智・弘文・天武天皇まで六代の記述の中に、主に皇位継承の血なまぐさい争いをめぐって、童謡がつぎつぎ十一篇も、大事件の予兆を示す信号として歴史記述のなかに使われています。日本書紀では童謡と書いて「わざうた」と読んでいます。

童謡といえば、いまではミカンの花が咲いたり、お姫さまが銀の鞍にゆられて行ったりする歌のことだと決まっているというのに、これはちょっと困ったことになりました。

たとえば皇極天皇の二年（六四三年）という箇所に、悪名高い蘇我入鹿《そがのいるか》が、皇位継承候補者では一番人気の山背大兄王《やましろのおおえのみこ》（聖徳太子の長子）を焼き討ちしようとしている、と警告する童謡が出てまいります。

岩の上《へ》に　小猿米焼く
米だにも　食《た》げて通らせ　山羊《かましし》の老翁《をぢ》

山背大兄王はあごひげがもじゃもじゃで山羊に似ていたから、これを山背大兄王に対する呼びかけと解く。岩の上は、その住居「上の宮」を指し、小猿は入鹿の家来どもを表す、と、この歌を叙述のなかに挿入した日本書紀編者がこじつけています。わらべたちが事件を予知して辻々でこう歌ったら、はたして惨事が起こった、と言いたかったのでしょう。

種を明かせば、もともと童謡という言葉は中国から輸入されました。晋書とか後漢書といった中国の正史の中に、童子たちが政治や社会の事件を予知してそれを諷刺した歌として童謡がはめこまれているらしい。私はそんな原本を読んだことも読めっこもないのですが、さすが日本書紀(七二〇年撰上)の編纂官はそれを読んでいた。その童謡を時の人がこう解釈している、と称して都合のいい方向に話を進める手法ごとすっかり真似して、八十年足らず前からうち続く、当時の「近・現代史」の悲劇を、童謡を使って「天命化」しようとこころみたのでしょうか。これは立派な「童謡の謎」であります。

ではさっきの「岩の上に　小猿米焼く」の歌は、編纂官の創作でしょうか。これも謎ですね。岩波日本古典文学大系『古代歌謡集』の補注によれば、歌垣の夜の老人に対する娘たちの誘い歌、とのことです。若者のおまつりの場へ現れた場違いの白髪のスケベじいさんへのからかい歌を借りてきた、という見方が一番ぴったりのように思いました。

「じいさん、飯でも食って、力つけて出直しな」

などとはやされないように、私も気をつけなければいけません。

それはそれでいいとして、では日本の古代の本物の童謡は、いったいどんなフシでどんな風に歌われていたのだろう、という疑問が出てきました。しかし、どこへ行って調べたらいいのか、どなたにうかがえばいいのか、まるで分かりません。まさにこれこそ童謡の謎でした。

古代の童謡「葛城」をめぐる謎

なにごとにつけても心に望みを持つのは結構なことでございます。私のような本も読めないアホな人間が、前述の『古代歌謡集』を繰っていて、続日本紀の中にも一曲だけ童謡があることを見つけたのです。「葛城《かづらき》」というその童謡は、奈良時代最後の光仁天皇(即位七七〇年)が白壁王と呼ばれた時代に、やはり天皇が女帝で、血を見る皇位継承争いが続くゆえ、わざと身をくらまし酒をくらって韜晦《とうかい》していた、まさに龍《りょう》潜《せん》時代に、白壁王即位の前兆を寺の井戸にみつけるというものでした。

葛城《かづらき》の　寺《てら》の前なるや　豊浦《とよら》の寺《てら》の　西《にし》なるや　おしとど　としとど
桜井(催馬楽《さいばら》では「榎《え》の葉井《はゐ》」)に　白壁沈《しらかべしづ》くや　好《よ》き璧《たま》沈くや　おしとど　としとど
然《しか》してば　国そ昌《さか》ゆるや　吾家《わぎへ》らそ昌ゆるや　おしとど　としとど

しかもこの童謡「葛城」が多分平安中期に、「催馬楽」になって演奏されていることまでつきとめたのです。つきとめたなんて大げさですが、それくらい嬉しく心おどったのでした。辞書を引くと、催馬楽は、雅楽の日本民謡化であり、民謡の雅楽化でもあり、輸入された唐楽の国風化のあらわれです。催馬楽なら雅楽の演奏会のプログラムに加わることもあります。しめた、これで古代の童謡の面影くらいは偲ぶことができる。喜びのあまり、引っ込み思案の私がある会合の席上、日本音楽史の泰斗《たいと》である先生に、思いもよらず大胆に近寄って、催馬楽「葛城」を聴く機会はないでしょうかと、ほどをわきまえぬ質問を仕掛ける挙に出たのでした。

「あの曲は楽譜がほとんど散佚《さんいつ》して、今は演奏されていないのです」

先生は無作法な門外漢の私に、親切に答えてくださいました。それはありがたかったけれど、古代の童謡を、その片鱗でも耳にする機会は、ついに永久に失われた、かに見えました。

ところが長話で申訳ないことに、まだこの先が続きます。ボーイズ・ビー・アンビシャス！　ある朝、新聞でカルチャー・センターの広告を眺めていたら、「古代歌謡を歌う」という文字が目の中にとびこんできたのです。すぐ横浜まで講座の申込みに行きました。講師は長年宮内庁の楽部に居られた芝祐靖先生で、廃絶曲の復曲や新曲の創作もなさるこの名人からじきじきに、初心者レッスンを受けました。最初のテキストは宮神楽の「あかがり」でした。宮神楽は内侍所《ないしどころ》の前庭にかがり火をたいて、むかしはしらじら夜が明けるまで続けられたそうですが、平安時代のはじめころから宮中の典礼歌集として整備されだし、十世紀初頭の延喜年間に定められたといいます（『古代歌謡集』）から、入鹿の時代からは二百五十年、光仁天皇の即位からでも百五十年近く経っています。

あかがり踏むな　後《しり》なる子
我も目はあり　前《さき》なる子

これぞ童謡と思いましたね。あかがりは、あかぎれですから、前を行く子が、

「痛いじゃないか、おれのあかぎれを踏んづけて」

と文句をつけると、言われた方も負けずに、

「おれだって目がついてら、そんな汚い足を踏めるか」

と、やり返す。降りてきた神を天へ送り出すまでの神あそびだという点では、里神楽もおなじでしょうが、先生のあとについて口真似をして驚きました。ユリだとかツキだとか、小ブシを加えながら延々と声をひきのばして、あかがりの「が」なら「が」の字を何十秒ものばして歌ううちに、アの字になってしまい、そこで息をついで、また「アー」とのばす。もとの歌詞を知らないと、アーオーウーの、母音の歌だと思われるでしょう。しかも曲調は明らかに雅楽風です。神さまだから、それでもちゃんと笑えるのでしょうか。


せっかく「恐怖の予言歌」という童謡の第一の属性を脱却した悪口歌に出会えて、童謡第二の属性は「おかしみ」だったと喜んだのに、これでは言葉の弾みをわざわざすりつぶした青汁のようなものです。

だが一方これこそが、現代人の小間切れ時間をわらう古代人の太い息のひびきだと

思い直して、芝先生にもう一度「「葛城」の曲は絶えてしまったらしいのですが」と、未練がましく申しあげました。返事は

「あれだけは、ないのです」

でした。ほんとうは失望すべきところですが、私の頭がおかしいのか、「あれだけは」という言葉に、逆に励まされて嬉しかったのです。それから半年後、おなじ横浜のカルチャー・センターで「源氏物語の音楽」という講義が始まった日、突然芝先生から、「今日「葛城」を歌います」と言われました。天理大学の雅楽部が、琵琶と箏の譜だけしか残っていない曲を「フルオーケストラ」に復曲しているのが分かったそうで、そこに先生が手を加えて、「室内楽」ほどのGパン姿の若い雅楽奏者たちを従えて、みずから琵琶を奏でながら、ゆるやかに「葛城のぉーおー、おー、おー」と歌い出され、私は緊張のあまり、咽喉がからからに渇いたこと以外になにも覚えられませんでした。歌詞はおそらく半分だけ歌われたと思います。時間も許らずじまいでした。

そのかわり、そのあと先生から教わった無名抄という本で読んだ鈴虫中納言の話は忘れられません。そこには平安末期という時代に、童謡がどのように歌われ、どのよ

うに受け止められ、どんな力で人に働きかけたかが、書いてありました。無名抄は方丈記で有名な鴨長明が書いた和歌に関する随筆集です。ここには鈴虫中納言と呼ばれた、声音絶佳の宮内卿有賢朝臣(一一三九没)の「葛城」にかかわるエピソードが出ていました。鈴虫中納言にとっては、三百五十年もむかしの寺や井戸の歌なのですが、井戸の名前が「えのは井」というわけで、「えのは井の事」がその随筆のタイトルになっています。

ある日、鈴虫中納言が仲間の殿上人《てんじょうびと》七、八人と連れだって大和のかつらぎの方へピクニックに出かけます。途中で荒れた大きなお堂に出くわします。由緒ありげに見えたので土地の人に訊ねますが、だれ一人化物寺の名前なんか知らない。そこへ通りかかった白髪のじいさまに聞いたら、思いがけずそれこそ、「葛城」の歌に出てくるお寺だった。お公卿さんたちは感じ入って、

「いみじき事也」

と讃え合うのですが、やがて一人が、それにしても、もしやこの辺りに「えのは井」という井戸はないだろうか、と訊ねました。物知りのじいさまが、

「ひからびてしまって水も出ませんが、跡は残っています」と答えたもので、一同きおい立ってさっそく案内してもらい、感動のあまり井戸跡で「葛城」の歌を数十ぺん歌い、じいさまには自分たちの着物を脱いで与えた、とありました。

それにしても数十ぺん歌ったとは驚きました。ゆっくり歌うから単純に計算して五時間はかかります。たまたまその歌のふるさとを自分たちがみつけたという喜びが加わったためでもありますが、なつかしい童謡というものは、なんべん繰り返しても飽きることがないのですね。そういう属性も持っているらしい。ちかごろ童謡は子どものものではなくて、老謡になってしまったと嘆く人がいますが、この話を聞けば納得するんじゃないでしょうか。繰り返しが繰り返しを呼び、なつかしさをひとしお濃く染める童謡の性質は、いまもむかしと少しも変わりありません。

意識の海に浮かぶ歌

右の事情を現代に舞台を移して検証してみましょう。藤田圭雄《たまお》さんは童謡作家というより、童謡と一緒に歩いた人、童謡を生きぬき調べぬいた人という肩書きがふさわしい。明治三十八(一九〇五)年東京牛込矢来町に生まれ、雑誌『赤い鳥』が創刊された年は中学一年生で、現役の読者だったばかりでなく、白秋選の自由詩投稿欄の常連になりました。そのころ金の星社に野口雨情を訪ねたりもしています。長じて編集者となり、戦後に『赤とんぼ』『少年少女』といったいわゆる良心的雑誌を創刊しています。編集者としても大成しましたが、サトウハチローと組んで、また童謡を書き始め、同時代史としての『日本童謡史』(あかね書房)ⅠⅡの大著もあり、晩年は自分の大好きな童謡唱歌を体系的に並べて、歌手とともに全国を廻るレクチャーコンサートを楽しみとして、九十三歳で亡くなる三カ月前まで続けました。人柄が良い江戸ッ児で、童謡全体の紳士的後見人の観がありました。

終始啓蒙家でもあった藤田さんらしい仕事の一つに、文語の唱歌や訳詞の改作がありました。言文一致を目ざす運動は、時代の意匠が新しくなるたびに、いろいろな分野で待っていたかのように起こりました。子どもの歌の世界では、二十世紀初頭の

「うさぎとかめ」などの言文一致唱歌に始まり、大正半ばの北原白秋の近代童謡運動もその一面がありました。戦後の藤田圭雄、野上彰、深井史郎、長谷川良夫さんたちによる音楽教材批判と改訂の動きも同じ系譜につながりますが、音楽家たちも参加して、これまで山田耕筰や、その弟子らが個々に実践してきた旋律と言葉の高低アクセントとの一致という「感覚乃至技巧」を、教育音楽にも採り入れるべきだとする動きは、おそらくここから始まったと思われます。それは当時としては意義のある提案でしたが、文語唱歌の改作の方はおおかたの賛同は得られなかった様子です。すくなくとも戦後十年間くらいまでは、歌というものは文語で歌うのが当然と思われていたんですね。『歌の中の日本語』(朝日新聞社)という本のなかで、藤田さんは、理解不能な漢語をつめこんだ日本の歌の歴史をふり返って、「子どもの時からこうした歌をうたわされて、歌というものは歌詞の意味などどうでもよいのだという観念を植えつけてしまったことはおそろしい」と、心を痛めています。そこで音楽にも通じた藤田さんたちは、メロディーはそのまま生かして、言葉のアクセントにも気をくばりながら、文語の唱歌を片端からリメイクなさいました。では啓蒙家藤田圭雄さんの面目躍如たる「仰げば尊し」の口語版をみなさん一緒にお歌いください。

胸にはハンカチ　肩にカバン
泣いたり騒いだ　あの頃から
いろいろありがと　この年月
先生さよなら　御元気で

うれしいおひるの　あの給食
ころんでけがした　あの時にも
いろいろありがと　この年月
元気でさよなら　小使さん

この歌を使いたいという学校の先生もいらしたそうですが、校長さんの反対で駄目になったり、こんな歌では涙が出ないというＰＴＡのお母さんから抗議が出たり、せっかくの企ても実を結ばなかったようです。

先に触れたとおり、藤田さんは晩年、レクチャーコンサートという仕事で見事な花を咲かせました。たとえば岩波文庫の『白秋愛唱歌集』は、その美しいみのりの一つです。北原白秋とともに、西條八十、野口雨情については、ずいぶん調べが行き届いていました。そして文語の唱歌にもくわしいのでした。いまから二十年ほど前に、初めてそのコンサートに出かけて藤田さんの資質によく合っていることにある種の感銘を受け、家に戻って忘れぬうちにと、行を変えた日記のような詩のようなものを、原稿用紙に書いたことがありました。そして一昨年、藤田さん追悼の小さなコンサートをするとき、むかし一緒に出演なさった真理ヨシコさんに曲目や日付の確認のためにハガキを出したら、当日の貴重なプログラムを送ってくださいまして、おかげで補筆訂正することができました。それが第二稿です。そして今朝方、また少し書き直しまして、二十年かけて推敲した苦心の作と言えば聞こえがいいのですが、その第三稿をこれから読んでみます。

変な音楽会を開きますと
変な知らせを受けたので
お茶の水の日仏会館へ出かけて行った
舞台をみれば
背中まっすぐの藤田さんが
小さな椅子にお行儀よく腰をかけ
「この「青葉の笛」の元の題は
「敦盛と忠度《ただのり》」でありまして」
なんて気持ちよさそうに
お好きな唱歌童謡を並べて説明なさると
それを引き受けて真理ヨシコさんがうたう
今日のテーマは歴史物である。
七十五歳の藤田さんは解説に力が入ると
自分が先にひとふし歌ってしまいがち

だがその調子外れがほどよくて
聞き手もつつしみ深いから
プログラムはとんとんと音を立てて進み
やがて「広瀬中佐」の番になった
広瀬中佐をご存じか
時こそ明治三十八年一月、日露戦争山場の旅順
港にひそむ敵艦隊をとじこめんと
中佐は自分の船を港の出口に沈めに行った
と軽く説明なさったあとにこうおっしゃる
「皆さんむずむずしているから
これはみんなで歌いましょうよ」
その昔東洋幼稚園岸辺園長の薫陶を受けた
藤田圭雄さんの言葉ぞ優しさの極みなれ
うち見た所客席二百にざっとの入り

この歌知っていそうなのは五人か六人
その誰一人もむずむずなんかしていない
最初の一声でそれが分かった
長身痩軀の藤田さんはただひとり背中かがめて
「とどろーく　つつぉーと！」
マイクに向かってブッぱなした
これにはみんなびっくりした
一番驚いたのは隣りでうたってる真理さんだ
ああ旅順港閉塞作戦
役目果たした海軍中佐広瀬武夫が
行方不明の兵曹長を探して探して
杉野はいずこ杉野はいずやと叫ぶ第一節
次第に沈む船内隈なく探せど見えぬ第二節
第三節にさしかかっても

まだ真理さんは顔をおさえ
マイクの前で体をふるわせ続けている
無理もない、隣りのマイクであの大声ではと
こっちも笑って見ていたが
あれはもしかすると泣いていたのだ
補聴器をつけたまま
同じ明治三十八年に生まれた藤田さんが
大砲の音より大きくうたえと教わったまま
何千回も歌ってきたすぎの一はいずこ、を
聞いてるうちにせき上げてきたのだろう
ほんとに「変な音楽会」だったよ
こっちもあの頃の藤田さんの歳を越え
ずーっと昔やっていた通りに両手を横につき出して
その先をぶらぶらさせながらへっぴり腰で

ふーねーは　しだいーに　波間《なみま》ーにしーずーみー
痛む膝まげながら沈んで行ってみる

さっきこの藤田圭雄さんの思い出の詩(のようなもの)を書き写していたら、自分のことも思い出して最後の数行をつけ加えてしまいました。久しぶりに「ふーねーはしだいーに……(動いてみせる)」(笑)もホテルの部屋で実演してみました。

私が「広瀬中佐」の歌で気に入ったところは、この「船は次第に……」を沈みながら歌って、大人たちに見せることとでした。なんべんやったでしょうか。五百回くらいは演じているに違いありません。――ここで分かった真理は、だれかが感激して繰返して歌ったからといって、その歌が必ずしも万人に好かれるとは限らないということでした。私の愚かなひとりミュージカルを、ゆかりの地で「葛城」を三十ぺんも歌った鈴虫中納言らの快挙に引き比べるのは失礼ですが、これは、かなり急所を衝いた童謡の謎でありましょう。

幼いころ毎日たくさんインプットしているはずの童謡、唱歌、わらべうたが、年とってあちこちの穴や管がゆるくなってくると、ときどき小さな気泡になって意識の海に浮いてまいります。それが決して人間の決めた良いもの順には現れず、時も所も見てくれも構わずにひり出てくるというものすごい公平さも、童謡の畏敬すべき謎でした。

わらべうたの秘密

ここでいまごろ気がつきましたが、私がいただいたタイトルのうち、童謡の謎については、かなり集めたつもりです。しかしわらべうたの秘密に関して、なにか実になるようなことを喋ったでしょうか。言わなかったに決まっています。それで児童合唱団とオーケストラの闘いを思い出しました。その曲は児童合唱団員が大勢並んでいるステージのうしろに、百人の大人のオーケストラが雷鳴よりすばやく鋭く無慈悲に荒れ狂うんです。メロディーなんてとらえようがない爆裂音を撒き散らし、オーケストラ全体が腹のへった千の狼集団になって子どもたちに襲いかかるんです。

ところが子どもたちだけは、わらべうた――それも、「かごめかごめ」だけを歌い続けます。どこまでもどこまでも。それは「かごめかごめ」を、オーケストラの伴奏に支えられて歌うのとはまるで反対で、子どもらの歌をかきまわし、無茶苦茶にぶちこわすのがオーケストラの目的です。もうやめてくれえ、といつ泣き喚き叫びだすかと舌なめずりして待ちながら、私の説明では無理なのですが、順序とか拍子とか調性とか繰り返しとか、何しろ秩序や約束と結びつきそうな要素をいっさい拒絶して吼《ほ》えかかってくる。

ところが子どもらは、指揮者に言われたのか、叫んだり怯えたり泣いたりはしないで、いちばん大事な小さい声で、ときには前の列の子にもぜったい聞こえないくらいの魂の声で、だが強くしっかり調性をまもって、嵐のさなかに転調も整然と行って、十分、十五分……「かごめかごめ」をうたい続けました。

無明《むみょう》のオーケストラがついに疲れて音量を下げ、墜落しはじめる。崩壊が止んで、なんにもなくなって、はじめて虚空を埋めるように、

「うしろの正面だあれ」

と子どもたちが歌いおさめました。これ、唱歌や童謡では太刀打ちできないんじゃないでしょうか。こんな根元的ないやしの力を感じさせられるのは、わらべうただけです。それがわらべうたの秘密。

曲名は「響紋」(三善晃作曲・宗左近構成)と聞きました。風が砂漠に風紋を残すように、ここではたった四つの音だけのわらべうたが、宇宙に響紋を残す。ときには前の人にも聞こえない声で、ときには嵐の無秩序を乗りこえて。

何だかわらべうたびいきの幕切れになりましたが、人間に生まれてきて誰に教わらないでも一緒に歌えるのがわらべうただから、それくらいの力を持っているのかも知れません。

子どもたちと、私と、歌

池田直樹

ボランティアの演奏会をはじめた理由

私は、空間に消えゆく音を生業としている演奏家です。私の仕事は文字になりません。ここでは、演奏を通じての、子どもたちとの体験を書いてみようと思います。それは私の宝物です。この二十五年間、オペラ、コンサート、ミュージカルの歌手として、さらにシェークスピアなどの芝居で役者として、またオペラ公演の演出家、プロデューサーとして、舞台で生きてきました。そうしたなかで、時間を見つけてはボランティアとしての演奏活動も続けています。

ボランティアを始めたきっかけは、偶然、あるテレビ放送を見たことでした。その番組は、重い障害を持ち、寝たきりの人生を送っている中年の女性に、足の指で押せる大きなキーボードに接続したワープロを用意したら、声を出すことができないその女性が、「おかあさんに、あいたい」という文章を打ちはじめたという内容でした。

生まれて数十年、表現する手段がなかったために、感情を理解されていなかったかもしれない女性が「おかあさんに、あいたい」と文字を打ちはじめた。直接、自分の言葉を伝えることができるようになったのです。そして、それ以後もたくさんの文章を打ち続けているということでした。

彼女は周りの人々の声が聞こえていても、自分の気持ちをうまく伝えられず、これまで、どれだけの悲しい思いをしてきたのでしょう。声を発することができなくても、たくさんの声が、言葉が、彼女のなかにはあったのです。そして、私は自分に問いかけました。これまで、重い障害を持った人を見ると、知力や感じる心をあまり持っていない人だと思いはしなかったか、と。私は初めて、重い障害を持つ人々の心のなかにも、素晴らしい感受性が存在していることを知ったのです。ただ表現手段に恵まれないだけなのだと――。

そのときです。出かけて行こう！　演奏会に出かけられない人のところへ、私の方から訪ねて行こう！　と思ったのです。そうして養護学校での演奏活動を始めました。

「わたし　いま　はげしくおどりたいの」

府中市武蔵台に、府中養護学校に付属する、最重度の障害を持つ子どもたちの「くぬぎ分教室」があります。私と、同じく声楽家である妻の早苗、そしてピアニストの三人で、毎年演奏に出かけています。このくぬぎ分教室に初めて行ったときのことは、忘れられません。リハーサルのため演奏会場になる訓練室へ入ったとき、その床には、個人用のマットが敷かれ、医療器具がそこここに置かれていました。どういうことだろう、と思いながら、リハーサルを済ませ、本番の時間になり再び訓練室に足を踏み入れると、子どもたちは、一人一人、看護婦さんか教室の先生に付き添われ、マットの上に抱きかかえられるか、横たわっていました。なんという辛い運命を背負ってしまった子どもたちなんだろう。なぜ、ここまでの重い障害を……。演奏を続けながらも、私は動揺していました。会場に響くのは、先生や看護婦さん、そして父兄の方々の拍手と笑い声だけで、子どもたちは感情を表現することができないように見えたのです。何人かは、瞼を閉じることなく空《くう》を見つめていました。どうにか演奏を終えましたが、控え室で着替えながら、「今日、ここへ来たのは、子どもたちに喜んでもらいたかったからなのに。子どもたちは……」。私は自分がなぜここに来たのか、分からなくなっていました。

しかし、そのあと、先生方との懇談会に行くと、思ってもみないほどたくさんの嬉しい報告がありました。

「Kちゃんは、一所懸命聞いていて、瞬きが、いつもより多くて――」

「Sさんは、自発呼吸の回数が増えて――」

「Iちゃんは、からだをいつもより動かしていて――」

一対一でお世話をなさっている先生方しか知ることのできない、子どもたちの小さな反応でした。私たちは、子どもたちの表情を読み取ることができませんでしたが、子どもたちが私たちの歌を全身で感じてくれていたのだということを知り、とても嬉しく思いました。

その時、ある先生が、話し始めたのです。

「私のEさんが、池田先生の歌を聞いていたら、「手を振って」って、言うんです。それで、彼女の手を振ってあげたら、「もっと強く振って!」って」

「どうしたの? って聞いたら、「わたし　いま　はげしく　おどりたいの」って、言ったんです」

「言う、っていっても、Eさんは、眼球と親指一本を動かせるだけなので、彼女の視線の先の文字盤の文字を、私が読むんですけど」

私は驚きました。「えっ、その子は眼球と、親指だけしか動かせない?」「そうなんです」「彼女は、歩いたことがあるの?」「いいえ」「彼女は、いつから障害を?」「生まれたときから」。なんということでしょう。生まれたときから重い障害を負い、ずっと病院だけで暮らし、一度も歩いたことのないEさんが、「わたし　いま　はげしく　おどりたいの」と、私たちの歌を聞き、高ぶり、激しく踊りたいほど感じてくれていたのです。いま思い出しても、鳥肌が立つほどの感激が蘇ってきます。あー、良かった! 今日ここに来て良かった! Eさんが、そして、たくさんの子どもたちが、私たちの歌をきっと喜んでくれたんだ。

去年十二月にも六回目の演奏会を開きましたが、もう、たくさんの子どもたちの表情が、演奏しながら見て感じ取れるようになりました。私たちが成長しました。ところが、去年はEさんの姿が見えませんでした。先生に聞いてみると「Eさんは、去年高校三年生だったので卒業しました」と。さらに「Eさんは、生まれて初めて病院を出て、この近くで暮らしていますよ」ということでした。新しい生活を始めたEさん。来年の演奏会には、卒業生として姿を見せてほしいものです。

演奏会で歌う歌

このような学校の演奏会で、私たちはいろいろな曲を歌っています。「やぎさんゆうびん」や「あめふりくまのこ」などの素敵な子どもの歌。「荒城の月」や「待ちぼうけ」のような日本の歌曲。もちろんミュージカルやオペラの曲も歌いますし、器楽の名曲に私が自分で歌詞をつけて歌ったりもします。

ちょっとおかしな曲も歌います。フランスの作曲家ラヴェルの曲「ボレロ」に対抗して、私が作曲家に依頼して作った「そぼろ」という曲です。ラヴェルの「ボレロ」は同じフレーズが繰り返されて、だんだん壮大な音楽になっていき、オーケストラの大音響で終わるという曲ですが、それにヒントを得て、「これくらいの、お弁当箱に」というのを繰り返して歌った曲、それが「そぼろ」です。いろんなサイズのお弁当箱が出てきます。小さいサイズも、とんでもなく大きなサイズも、そして嬉しそうに作っている人、なぜだか悲しそうに作っている人。振りつきの、とても楽しい曲です。

私は、普段はオペラに出演していることが多いのですが、オペラは日本語ではないこともあって、残念ながら、馴染みのない方には敷居が高く感じられてしまうこともあります。しかし、生の歌が人の心を動かすことは洋の東西を問いません。演奏会では、聞いている子どもたちに少しでも身近に感じてもらえるように、子どもたちに届くように、私が専門とする西洋音楽だけでなく、むしろ日本の曲や日本語の歌詞を大切にして歌うようにしています。

子どもたちとの素敵な関係

大田区の矢口養護学校にも、演奏に行って十三年になります。そこでは、私たちは大スターのようです。演奏会を開く体育館は、小学校一年生から高校三年生までの子どもたちでいっぱいです。私たちが姿を見せると、ワーッと歓声が上がり、やさしい眼差しを持つ子どもたちに拍手で迎えられます。

昨年訪れたときには、素晴らしいハプニングがありました。「巨人の星」のテーマを歌ったときに、前奏が鳴り出した途端、私を囲んでみんなで輪になった体育館の中央に、二人の生徒が飛び出して、いきなり私の歌に合わせて、野球の演技のようなことを始めたのです。会場は拍手と笑いで大騒ぎになりました。そして演奏会最後の曲が終ると、たくさんの「アンコール！」の声が手拍子とともに——。演奏家の喜びを感じる瞬間です。最後は、たくさんの子どもたちと握手を交わし、さようなら！と手を振り会場を後にしました。本当に来て良かった！と、毎年思うのです。

ここの卒業生とわたしの素敵な関係もお話ししましょう。この学校の運動会を妻と見に行き楽しんでいたら、突然、青年が「あっ池田先生だ！」と、やって来ました。「そうだよ、こんにちは。卒業生？」と聞くと、その青年は、自分が卒業生であること、印刷工場で働いていること、走ることが好きで、皇居の周りを走っていることなど、たくさんの話を聞かせてくれました。私たちを覚えていてくれたことだけでも感激し、彼が自分のことをたくさん話してくれたことにも感激していました。

その日、その学校の先生に、彼に会った話をしました。先生は、「それはNくんだ」と言いながら、少し不思議そうです。「どうしたんですか？」と聞くと、「Nくんは、自閉症の子で、自分から、そんなに話し掛けるなんて……」と。人見知りな彼が、演奏会で歌った私たちを覚えてくれていて、心を開いてくれた――。とても嬉しい出来事でした。

それ以後、彼には私の音楽会の案内、「直樹通信」を送っていますが、案内にある演奏会で気に入ったものがあると、彼は自分で電話してくれますし、学校の同窓生も誘って演奏会に来て、楽屋にも姿を現わし、「良かった！」と笑顔で誉めてくれます。

私が主催する直樹企画では、演奏会の常連のお客さまとの旅なども企画するのですが、Nくんは一人で参加し、みなさんに可愛がられています。妻の兄である絵本作家、岩村和朗の美術館、「いわむらかずお絵本の丘美術館」を訪ねる旅では、Nくんと私が同室になり、一緒に一夜を過ごしたこともあります。いまでは、彼は私の大事なお客さまです。

くぬぎ分教室でも、矢口養護学校でも思うのは、先生方が魅力的なことです。こんなに明るく素敵な若者たちがいるんだ！　と嬉しくなるような、素晴らしい若い人たちが潑剌として働いています。その先生方を我が家に招待し私の料理を楽しんでいただいたことがありますが、学校を離れても、素晴らしい人たちでした。ちなみに私は、一九九九年の「NHKきょうの料理大賞」で部門第一位を受賞した料理名人(自称)です。エヘン！

大きな声と小さな声

討議でもお話ししましたが、阿佐ヶ谷駅の北にある世尊院幼稚園にも、毎年、妻とピアニストと一緒に歌いに行っています。もう十年ほどになるでしょうか。元気溢れる子どもたちが部屋いっぱい、百五十人以上！　四十分ほど演奏するのですが、知っている歌があると「知ってる！　知ってる!!」、何か質問すると「はい！　はい!!」と、何かを話すたびに大騒ぎになる子どもたちに演奏を聞いて貰うのは大変でした。ある時、小さな声で囁くように喋り始めたら、「シーン……」と静かになったのです。シメタこれだ！　と。それからは、小さな声を交えつつ上手に幼稚園生と付き合えるようになりました。

そう、この小さな声というのは、演奏の技術としても重要なことなのです。楽譜には〈フォルテ（大きな音で）〉、〈ピアノ（小さな音で）〉、という演奏表現が書いてあり、その記号があるところは、大きな声で歌ったり、小さな声で歌ったりしなければならないのです。一見、大きな声で歌う〈フォルテ〉のところに、その歌の重要な部分があるようにも思えますが、実はそうではなくて、〈フォルテ〉は、感情が高まり表現が大きくなる部分で、結果としての頂点であり、そこに至る大事な内容は〈ピアノ〉、小さな声で歌われているのです。つまり、ここは大事ですよ！と声をひそめて歌いかける部分なのです。ですから、小さな声で歌うからといって、感情のテンションを下げてしまったのでは、〈ピアノ〉の表現にならないわけです。〈フォルテ〉の時より、さらに強い表現意欲を持ち、積極的に内容を伝えようという気持で、小さな声で歌う。これが〈ピアノ〉で演奏するということなのです。そういえば、生活のなかでも、大事なことを大きな声で喋っている人はいません。人間の自然な心理なのでしょう。

とおる声と、とおらない声

このように、演奏者は音の強弱を使い、詩人の心や作曲家の思いを伝えることに努力を重ねるのですが、「音」というものは、とても不思議なものです。私たちは二千人を超えるホールで、百人近いオーケストラの響きに消されることなく、お客さまに届く声を獲得しなければなりません。ところが、近くで聞いてうるさいくらいの大きい声が、ホールに良くとおる声、ホールの空間を満たす音だとは限らないのです。小さな声でも、良くとおる声があるのです。

ヴァイオリンの音を不思議だと思ったことはありませんか。ヴァイオリン協奏曲では、一人の独奏者の後ろに、第一ヴァイオリン八人、第二ヴァイオリン八人が弾いているのに、独奏者のヴァイオリンの音が際立って聞こえてきます。独奏者だけが、特別に大きな音を出しているわけではありません。不思議でしょう。それは優れた音質が可能にしているのです。声も、声量ではなく、声質が優れていることが大事なのです。それは、才能の差という以上に、力が入っていない、力《りき》んでいないということが、大事なようです。

待望の国立オペラ劇場、新国立劇場が出来て五年が経ちました。このホールの評価は世界の劇場関係者のなかでも高いと聞いていますが、声にとっては、とても怖い劇場です。この劇場は素晴らしい性能を持っていて、これまでの劇場とは比較にならないほど、歌手の声質の差が露《あらわ》になるホールなのです。リハーサルや公演の際に客席で聞いていて、歌手の声がとおらないと思うときには、なるほど力が入っている発声だ、と気づかされるのです。スポーツでも、大きな効果を生もうとするときは一緒ですね。ホームランを打とうとして、必要以上にチカラをいれても、ボールは飛ばない。ゴルフでもそうです。大きな成果を上げるには、必ず、効率の良さが問題となります。基本に忠実で、必要充分な力を使い、美しいフォーム。そういう時に、大きな効果が現れます。

声も同じです。声帯を効率良く使う。極端な言い方をすると、「いかに声帯を使わないで、声を出すか」という意識です。訓練を重ねた声帯に、車の燃料を制御するコンピューターのように、一番効率の良い量の息を送る。このバランスが、よい声質・音質を作り、オーケストラの音を超えることができるのです。そうした声は、小さな部屋で聞いても、うるさくありません。「楽に息を流し、声帯を使わない」という意識で声を出すことができると、ホールの隅々まで、声を届けることができるようになるわけです。そのような技術を獲得すると、声帯が疲労することも少なくなります。

声に出して表現できなくても、からだのなかに素晴らしい言葉と声を持つ人がたくさんいる。歩けなくても、歌に感動して、心で踊ることができる人がいる。歌を通じて、心を開き、触れあうことができる――。私は演奏家としてさまざまな人に出会い、そして、声の持つ力、歌の持つ力を実感してきました。ほんとうに声は、音は不思議です。

オペラの公演が続く日々ですが、これからも時間を見つけて、舞台に出かけられない人のところへ訪ねて、歌い続けたいと思っています。

討議

私のなかの歌

河合隼雄
阪田寛夫
谷川俊太郎
池田直樹

子どものころに出会った歌

谷川　この章では、みなさんが生まれてからどういう歌を聴いて、どういう歌を歌ってきたかというような、もうちょっと私的な歌体験のお話を中心にしたいと思います。その前に、これももちろん主題のうちですけれども、さっき楽屋で河合さんに「わらべうたの話がまだ出てきまへんなあ」と言われたので、少しわらべうたのほうから話を始めたいと思うんですけれども。

河合　言いだしっぺの河合さんは丹波の片田舎でわらべうたを歌っていらしたわけですか。

谷川　遊ぶときによく歌うでしょ。それこそ「なかのなかのこぼんさん」とかいうのがありますね、ああいうやつとか。

河合　えっ？　うちのへんにはないです。

谷川　そうですか。東京はやっぱり片田舎がないんじゃないかな(笑)。

谷川　必ず歌は遊びに結びついていましたね。
河合　だいたいそうですね。いろんな遊びのときに歌はよく出てきましたよ。
谷川　でも、そういうときは男の子だけじゃなくて、女の子も混じっていたのじゃないですか。
河合　もちろん両方混じってやったのもあるし、女の子だけがやっているのもありましたね。
谷川　池田さんはちょっと世代が私たちと違うんですけれども、わらべうたなんかお歌いになりました？
池田　わらべうたはあまり歌った経験がないですね。私は鹿児島の出身ですけれども、鹿児島独特のわらべうたというのはあまり思い出がありません。「ずいずいずっころばし」だとかは歌いましたが。あのへんは全国的なものでしょうかね。ですから鹿児島のわらべうたは一曲も思い出せないですね。
谷川　じゃあ、小学校時代なんかは何して遊んでたんですか。
池田　わらべうたを歌って遊ぶということはなかったですね。やっぱり野球だとか……。

谷川　もうテレビの連続アニメの主題歌という世代？

池田　もうちょっと年を取ってるんですね、じつは(笑)。小学校のころにテレビを初めて見たんですかね。

谷川　阪田さんはいかがですか。

阪田　私は河合さんと同じ関西の文化圏ですから、「なかのなかのこぼんさん」というのは、誰にも習わないで、もって生まれた歌みたいに歌いました。それから女の子との遊びでは、私の姉の友だちがよく遊びに来て、「ぼんさん、ぼんさん、どこ行くの、あの山越えて、酢ゥ買いに」の歌を、平仮名の「す」の字の字書き歌にしていましたね。本歌《もとうた》はまだ続くけど、大阪弁で「酢ゥ買いに」でおしまい。

谷川　「通りゃんせ、通りゃんせ」とか「花いちもんめ」とかいうのは関西にもありましたか。

阪田　知ってましたけど、「花いちもんめ」も「通りゃんせ」も、アクセントが東京風でしょ。何だか借りもののようで気取ってしまうんでね。ふだんはやりません。

谷川　そうすると、歌うだけのわらべうたみたいなものもあったんですか。

阪田　大阪の商家育ちの人は「おんごく」だの「とててらちん」だの「ほえかごほい」だの古い歌をかなり知っていたと思いますが、僕らは新開地だから、断片が入っているだけ。せいぜいジャンケンする時に、「チッコ(築港)で、パス買うて、グンカン乗ってほい！」

池田　「花いちもんめ」はやりましたね、列を組んで。いつも相手が「直樹ちゃんが欲しい」って言ってましたけれども(笑)。

谷川　どうもそうじゃないかと思った。梅檀《せんだん》は双葉より芳しかったわけですね(笑)。

僕が前に「マザーグース」という英米語圏のわらべうたを翻訳したときに、知り合いのイギリス人などに「子どものころどんなマザーグースを歌ったか」と聞くと、「いや、そんなの全然歌ってない」というんです。ところが話しているうちにどんどん出てくるんですね。意識としてはもう覚えていなくても、からだのなかに相当入っちゃっている。だから池田さんも、もっとわらべうたを思い出されるんじゃないかと思いますけどね。子守歌なんかはお母さんに歌われました？

池田　うーん、子守歌もなかったですね。

谷川　僕は昭和六年生まれで、東京のちょっと西の田舎なんですが、小学校も地元の小学校だったから、知らず知らずのうちにわらべうたで遊んでいました。だからいまでもそういうのを聞けば思い出すんです。うちは父親が大学の教師で、母親が音大ピアノ科中退で、インテリの家なんですよ。父は愛知県の出身なんですけれども、田舎が嫌で、勉強がよくできたから飛び出してきたみたいなところがあって、日本の伝統音楽の三味線とか浪花節を毛嫌いしていたんですね。それで僕が小さいころ、家では、いわゆる邦楽の類というのはほとんど聴こえなかった。それから昭和の初年というのは、川田正子とか黄色い声の童謡歌手が流行った時代なんですね。そういうのもまたうちの父が嫌がって、絶対レコードなんか買わせなかったので、僕は童謡もあまり聴いてないんです。友だちとわらべうたを歌うぐらいで、なにしろひとりっ子ですから、河合家みたいに男の子たちがこんぐらかって遊ぶという経験がなくて寂しいんですけれども。母親は音大の前はミッション系の大学へいっていたんですが、信者ではは全然なくて、学校のチャペルの祭壇の裏のワインを友だちと盗み飲みしたり、ひど

い お転婆だったわけで。でも音楽的にはやっぱり讃美歌が好きらしくて、家には必ず讃美歌があって、僕は讃美歌を聴いて育ったようなところがありましてね。それが一方のルーツになっているような気がしているんですけれど。阪田さんのところはもっと筋金入りのちゃんとしたクリスチャンですが、いかがでした？

阪田　筋金入りかどうかは別として、うちでは教会の聖歌隊が毎週木曜日に練習していたんですよ。それは明治時代からの呼び名で「歌の組」といって、「今晩は歌の組や」っていって、椅子並べていました。それで小さい時から讃美歌はよく聴いてました。それから家に大阪の田舎の河内から来たばあやさんがいまして、彼女が歌うとみんなが笑って「ばあやは音痴だ」って言ってましたけど、ばあやの歌う日本の節からいったら、僕らの方が音痴なんでね。その両方の歌を聴いておりました。

谷川　子どものころのいちばん最初の歌の記憶というのはどういうものですか。

阪田　母が病身でばあやに育てられたらしく、早くから覚えたのは「高野の弘法大師、こォの子抱いて、粉ォひいて」なんて、これは唱えごとですが、数え歌で「ひとつひよこが、米の虫(飯《メシ》？)たいらくねんね」。――でも、やっぱり主力は讃美歌ですね。子ども用の「主われを愛す」という歌があります。それを歌いながら、「みくにの門を　ひらきてわれを」といって戸を開けて、私が入って行くと、姉が二階からおいでおいでをします。そこで、「招きたまえり　いさみて昇らん」って階段を昇っていく、そういうふうなことをしていました。

谷川　讃美歌をわらべうたみたいに、遊び歌として歌っていた？

阪田　姉と二人で、ミュージカルみたいにしていた(笑)。

谷川　非常に初期のミュージカルですね。河合さんのところでは讃美歌はどこから入っていましたか？

河合　讃美歌は関係ないと思いますね。「主よ、みもとに近づかん」というのは、歌っていたように思いますが。しかし私の母親はちょっとハイカラ人間でしたから、母親が師範学校時代に歌っていた歌には傑作があって、そういうのも覚えていますが。

谷川　それはやっぱり西洋の歌ですか。

河合　野球の歌があるんですよ。しかも英語が入っているんです。「肩にはバット、手にミット」「岩をも飛ばす大フライ」みたいな歌詞があって、「サードベース・アウト」とか、英語が入るんです。それで「アットラスト・チェンジ」で終わりになるんですけど、そんなのを母親が歌ってましたよ。あれはそのころ流行った、ものすごくハイカラな歌やったんじゃないですかね。

谷川　わらべうたと男の子兄弟の遊びが、くっついていたようなところがありますか。

河合　わらべうたはあんまりくっつきませんね。私のところも讃美歌までいかないけど、田舎にしてはちょいとハイカラやったんです。だからわらべうたはそんなに歌ってません。で、あのころ、流行歌というのがあったんですよ。

谷川　というのは、昭和初年のころですね。

河合　流行歌というのは大人が歌うやつですよ。その大人が歌う流行歌をうちの母親とか兄が好きで、レコードをいっぱい買っていて、そういうのを僕ら子どもだけど一緒に歌ってましたよ。だから「燃ゆる想いを打ち明けかねて」とかいって(笑)、全然わけわからないんですけど、そういうのは、いまでもちゃんと覚えてますよ。

谷川　僕んちも、讃美歌系の音楽ルート、わらべうた系の音楽ルート以外に、ちょっと流行歌が入ってるんですけど、うちはなにしろインテリ家庭ですから、家庭でそんなレコードなんか買わないわけですよ。うちの父はクラシックが好きで、それから父と母はダンスをしてましたから、タンゴとかフォックス・トロットはあるんですが。流行歌はそのころ家にいたお手伝いさん、お春さんとお秋さんという二人の姉妹から習ったというか、耳に入っちゃいましたね。「あなたと呼べば、あなたと答える」とか。父親の趣味だったんでしょうけど、とにかくそういう歌はよくないというんですね。要するに、邦楽に関しては能・狂言はいいんだけれども、浪花節・三味線は大嫌い。地唄はいい、武原はんはいいみたいな、わりに片寄った好みの人でした。洋楽に関していうと、父は明治二十八年生まれなんですけれども、大学時代に初めて「第九」を聴いて、すごいショックを受けて感動したという世代なんですね。

河合さんのところのご両親はそういう流行歌なんかを自分でも歌ってらした？

河合　母親は流行歌をわりと歌ってましたね。それでも、そのうちに兄が東京へ行って、洋楽というやつを覚えて帰ってくるんですよね。そこからカルチャーが変わるんですけど、それまではもっぱら流行歌をよくやっていました。それに、電蓄(電気蓄音器)というのが登場しましたから、レコードはよく聴きました。それから、川田正子などの子どもの歌や、唱歌がものすごくたくさんできた時代ですよ。だからいっぱいレコードを買ってもらっていました。「昭和、昭和、昭和の子どもよ、僕たちは」とかね。あのときにレコードで聴いた歌をたくさん覚えていますよ。北原白秋のつくったものとか、たくさんありましたね。

軍歌の時代に

谷川　戦争中は、そういう歌というのはだんだん……。

河合　もうそれは駄目ですね。ひどくなると、もっぱら軍歌になっていきますから。

谷川　そうですね。河合さんは先ほどの章でも、軍歌のお話をなさってましたけれども、軍歌でもけっこう日本の軍歌っておセンチなのがありますよね。

河合　軍歌はよう似てるでしょう。歌っているうちに一緒になるような感じがする。

谷川　阪田さんの叔父さんの大中寅二さんも軍歌を作っていらっしゃいますよね。

阪田　ええ、戦争中はやってました。「アリューシャンの勇士」とかね。彼はものすごく愛国者で、アメリカに敗けて癪だといって、たまたま下の叔父から預かっていたアメリカのレコードをみんな叩き割ったりしたのに、自分はアメリカ大使館の裏に住んでいるものだから、戦後たちまちアメリカ兵と仲良くなって、家に呼んできてはからかって遊んでました。ちょっと、そういうところは日本人なのかな(笑)。

谷川　阪田さんは寅二さんが作曲された軍歌をお歌いになってたんですか。

阪田　いえ、まるで幼稚園の運動会みたいで、人前で歌えるような軍歌じゃないんですね。昭和十六年十二月、米英と開戦後、クラシックの作曲家が管弦楽でマーチを作曲する試みをＮＨＫが始めました。大中寅二の順番が来るのを楽しみに待っていたら、「堂々たる皇軍」というタイトルだったのに、「ドーレミファソラシ　ドッドッドッ」みたいな曲で、音楽雑誌の時評に、「あれじゃ子どもの皇軍だ」と書かれて、癪だけど、もっともだ、と思いました。

谷川　でも、けっこう名作がありますよね。

阪田　ＮＨＫの国民歌謡に「白百合」という看護婦さんの歌があります。

河合　ああ、「白百合」ね。懐かしいな。

谷川　学校では軍歌を歌わせられた記憶があるんですけど、そうでもなかったですか？

阪田　そうですね、小学校六年の夏、中国と戦争を始めて、防空演習の歌「護れ大空」を歌わされました。中学では「紀元二千六百年」など歌わされましたね。歌い出しが「金鵄《きんし》輝く」じゃない方の。曲は信時さんらしくて、合唱になる曲で「遠すめろぎの」云々の歌詞。

谷川　そうでしたよね。あの二千六百年というのは僕は非常に記憶に残っているんですけれども、それはなぜかというと、音楽なんですね。阪田さんは本を書かれてますが、「海道東征」という信時潔の曲があのときできて、それがレコードになっていて、僕はそれは戦争が終わってからですが、思春期にほんとに擦り切れるぐらい聴いた記憶があるんです。

阪田　僕もレコードを買って、一所懸命聴いていました。四、五枚のアルバムでした。

河合　どんな曲ですか。

阪田　笙のようなひびきで始まる交声曲《カンタータ》で、神武天皇の東征を歌っているんです。詩は北原白秋が作ならびに構成……。

谷川　だからテキストは、古事記ですよね。組曲みたいになっていて、けっこう美しいメロディーもリズミカルなものもあって、あれは西洋音楽だけれど、なにか日本的な要素もありました。「ヤーハレ」とかいう囃し方が入っていたりして。

阪田　僕はあの曲を、大阪でやった東京音楽学校の演奏会に聴きに行ったんです。アルトの人が綺麗で、それで……。

谷川　それで、どうしたんですか？

阪田　いや、それでレコードを買ったんですよ(笑)。千葉静子さんといいますが、後に川崎静子さんになって。

河合　川崎静子さんですか。僕はあの人のカルメンを聴いたことがありますよ。綺麗な人でした、確かに(笑)。

阪田　僕は『海道東征』という小説で、その再演のことを書いているんですけど、これで川端康成文学賞をいただいて、パーティーのときに、「川崎の子どもです」という紳士がいらしてました。感無量でした。「母は亡くなりました」って……。その川崎さんが「海道東征」のなかで、「大和は国のまほろば」をアルトで歌うんです。

谷川　あそこは綺麗ですよね。

僕は子どものころは音楽というのは実際に遊びと一緒に歌ったり、あるいは小学校で歌わせられたりしてたんだけど、思春期にほんとうに音楽に感動する時期ってあるでしょ。それの僕にとっていちばん最初の曲というのは、じつは「海行かば」なんです。戦時中に、勝ったときは「軍艦マーチ」で、敗けたときは「海行かば」がニュースの前に流れていて、なぜかあの「海行かば」がすごく好きで、母親にねだって買ってもらったのが、僕のレコード第一号なんです。

阪田　あれは讃美歌系ですね。

谷川　そうですね。

阪田　信時潔は牧師の三男坊だったんですけど、あれができたときはちょっと感激しましたね。音のハーモニーがいいですね。

谷川　そうなんですよ。僕もあとで考えると、どうもハーモニーに感動してたという気がして、言葉はわりとどうでもいいところがありましたね。

阪田　そうでした。で、やっぱり讃美歌系だから、結局鎮魂歌になったんですね。実際、英霊を迎える時に、街の楽隊もやってましたね。だからあれは、やっぱり讃美歌なんです。

讃美歌の影響

谷川　僕も讃美歌の影響がけっこう強いような気がします。だいたい好きな音楽というのがアンダンテ、アダージオ系なんです。それで讃美歌の非常に初歩的なハーモニーのつけ方、「アーメン」っていうところのハーモニーなんかにシビレていたものですから。僕が自分の好きな音楽をカセットに自分で編集して、車で聴いていたことがあるんですが、いっぺん武満徹を乗せてドライブしていたら、武満が呆れたように「おまえの好きな曲、全部讃美歌じゃねえか」って言うんです。それでやはりすごい影響があったんだなと思って。わらべうた系の歌というのは自分のなかではそんなに響いてこない。やはり讃美歌と並んで、たとえばうちの母がときどき弾いていたソナチネの曲、クーラウとかクレメンティとかモーツァルトとか、そういうものがいちばん子ども時代を思い起こさせる懐かしさをもっていて。小学唱歌というのは僕はあまり懐かしくないんですけど、これはどうも学校嫌いと関係があるんじゃないかな。あまりいい思い出がないんですね。歌はあまりうまくなかったんです、小学校のころ。

阪田　讃美歌系に岡野貞一という人がいます。本郷中央教会のオルガニストです。「朧月夜」も彼だし、「紅葉《もみじ》」も「故郷《ふるさと》」もそうですが、あの人のは小学校を出たあとになって好きになりました。せっかくメロディーがいいのに、教師用の楽譜の伴奏がよくなかったせいでしょうか。『日本童謡唱歌大系』(東京書籍)という全集では、編者の中田喜直さんが岡野の伴奏譜に手を入れています、惜しいからといって。あるいは、明治末の文部省唱歌の編纂委員のボスが、讃美歌風の伴奏譜(教師用)を許さなかったのかな。むかしは、霊南坂教会でオルガンを弾いていた大中寅二の曲も、よく抹香くさいと悪口言われましたもの。その寅二の一人息子の大中恩というのは僕の従兄弟の作曲家ですけど、彼も讃美歌育ちのせいか、わらべうたは伸びない、うどんみたいに伸ばせないと言っていました。楽句を展開させようとしても、ポキポキと切れてしまうから。間宮芳生さんみたいに独自の理論で処理していらっしゃる人もありますけど、大中恩は讃美歌系ですから、日本在来の五音階の曲は伸びないと言ってました。たとえば、わらべうたを合唱曲にアレンジするのは苦手のようでした。

谷川　そうですか。やっぱりそういう感性というのはあるんですね。

河合さんの最初の歌というのは、もしかしたらわらべうたかもしれないけれども、西洋音楽体験というのはいつですか？

河合　最初の歌は、やっぱり幼稚園ですね。幼稚園で「むすんでひらいて」とか、ああいう曲です。「今日のけいこもすみました。皆連れ立って帰りましょう」なんていうのもありました。僕は歌が好きでしたから、小学唱歌も大好きやったんです。音楽の時間はすごく好きで、幼稚園でもいろいろ歌ったのをたくさん覚えてますよ。幼稚園で歌った歌で、「かあさんがおねんねしています、お顔はほんのりさくら色」というのがあるんですよ。それを僕は、お母さんが寝ているいうことは病気だと思ったんですね。なんと悲しい歌やろう思うて、僕はそれ嫌で嫌でしかたがなかったのに、先生が好きで、すぐ歌わすんですよ。で、もう歌うたびに憂鬱になってね、それすごく覚えてます。

それから讃美歌の「ハッピーランド」をまったく異なる歌詞で中学一年で習って、僕、すごく好きでね、山へ行って木の上へ登って一人でよう歌ってましたよ。それにモーツァルトの曲で「早春賦」の原型になったといわれるものも、「須磨の浦は」という題で習ってますよ、「白波寄する須磨の浦は……」という歌詞で。だから「早春賦」を聴いたときに、へーえ、なんか似たようなやつがあるのやなと思ったのを覚えてますよ。みんなだいたい中学生って音楽嫌いでしょ。僕は好きだったから中学校の教科書の歌なんかもすごく覚えてるんですよ。よう歌ったりしてました。

池田　本によると、「むすんでひらいて」なんかも二十数種類の歌詞があるんだそうですね。

青春の歌

谷川　本当に涙したとか、なんと言っていいかわからないような感動を覚えたという最初の記憶というのはいつごろですか。

池田　私は、幼稚園のころに歌った歌というのはちっとも覚えていないんです。どうもこうやって会場に並んでいますと、ばあやの話だとか、お手伝いさんの話だとか、なんか育ちが違うなという感じがするわけですが、うちはまったく公務員の家で庶民だったんですけれど、小学校二、三年のころのクリスマスに、中古だったんでしょうが、おやじが電蓄をどこからか買ってきたんです。で、レコードをかけるわけです。その、おやじが買ってきたレコードの一枚が「マッチ売りの少女」の朗読のレコードで、もう一枚は音楽が入っていて、それが「牧場の朝」という曲で、このレコード一枚だけを使って、「牧場の朝遊び」というのをやっていたんです。なにで遊ぶかというと、その曲の前奏に牛の鳴き声が「モォー」と入っていて、それを、レコードの針を置いては、みんなで隠れて「モォー」というのを待つわけです。で、「ヒャーッ、恐い恐いッ」て、ただそれだけの遊びをやってましたよ(笑)。その曲はすごく新鮮に覚えてます。

谷川　それが最初の感動ですか(笑)。

池田　それ以後は、中学校に入ったあたりから、黒人霊歌ですかね。黒人霊歌とロシア民謡ですね。

河合　やっぱり新しいね。

谷川　われわれ世代はジャズ喫茶組とうたごえ喫茶組と名曲喫茶組というふうにちょっと分かれるようなところがあるんですけれども、そういうものはありました？

池田　ええ、私たちが大学に入ったころがうたごえ喫茶の最後のほうですね。だから芸大の入学試験のときに、芸大というのは一次、二次、三次とたくさん試験があるんですが、いまは五次ぐらいあるのかな、その三次試験が終わったときに、三次まできたという喜びがあって、みんなでうたごえ喫茶、新宿の「ともしび」に行きましたよ。もうなくなりましたね。

谷川　そこでみんなで合唱しているわけですか。

池田　ええ、舞台にあがってやりましたよ。それから数年たったらもうなくなりましたよね。

谷川　そうですね。河合さんはそういうところで歌ったりしましたか？

河合　僕は大学時代に喫茶店ってほとんど行ってないと思います。

谷川　もう勉強一本やりで。

河合　いやいや、勉強もしてない、なんにもしてないんです。で、ともかく金を節約して生きてた。だから喫茶店なんて馬鹿くさくて行かなかったし、だいたい食べるものにできる限り金を使わない生活をしてたと思いますね。

谷川　兄弟のカルテットを結成されたのはいつですか。

河合　あれは大学時代です。大学時代に僕はフルートを吹いてたんですよ。ところが、弟はやっぱり早くからはじめるから、弟がいちばん音楽性があって、それはいろいろ楽器ができたんです。僕のひとつ上がバイオリンを弾いて、もうひとつ上の兄がチェロで、みんな下手くそで、弟がバイオリンにビオラの絃を張って、「バイオラ」

いうんですけど(笑)、それで四人でカルテットをするんです。そのカルテットの名前が「クレーカルテット」というんですよ。何でかいったら、やりだすと誰か「おい、待ってくれ、待ってくれ」って言うから(笑)。で、クレーカルテットいうて、ハイドンの弦楽四重奏のメヌエットばっかりやってましたよ、他のできないからね。そんなんでけっこうやってましたけど、まあ、それはもうだいぶ年齢が上になってからですが。

小学校五年ぐらいのときに、私のいちばん上の兄が東京へ行って、大正デモクラシーの最後のなごりが東京に残っているのを持って帰ってきたんですね。だからそこでタンゴとか覚えたわけですよ。すっごいハイカラな感じがして、その兄貴がレコードを借りてきたり、それから歌曲集を持って帰ってきて、いろいろ歌うんです。それがものすごい好きでしたね。家中でよく歌っていた小学校五、六年ぐらいのときで青春時代が終わったような感じでした。もうそのあとは戦争になるでしょ。まったく違いますからね。だから「青春」という言葉を聞くと思い出すのは戦争前のそのころです。田舎ですから、そういう空気が全然ないところへ洋楽を持って帰ってきて、「薔薇のタンゴ」とか、「思い出のカプリ島」とか、それから「小さな喫茶店」とか、ああいうのをもうほんとに喜んで歌いましたよ。

歌う喜び

谷川　河合さんは子どものころからずっと歌を歌っていらした。聴くよりもむしろ歌っていたという感じがしますね。

河合　そうですね、家中で歌ってましたからね。ところが音楽性なんかなくてやってたわけでしょう。それで終戦になって、さっき言ったように、ちょっとカルテットをやったり、それから合唱というのがあるとわかってきて兄弟でやりだしたら、ときどきハーモニーしたら、ぱっとやめて、「あっ、いまのよかったな」「いまの合ってた」とか言って、そんな調子でやってたんです。

谷川　いいですね。僕はつい数年前まで歌を歌ったことがない人間なんですよ。

河合　このごろはうまくてプロになっているじゃないですか(笑)。

谷川　もちろん学校で歌わせられましたけど、歌は聴くものだと思い込んでいたんですね。それでずっと聴いていたし、口笛ぐらい吹いたんですけど、自分から歌を歌って気持ちを解放するということを知らなかったんですよね。

池田　それは意外ですね。谷川さんは歌をお歌いになるのがお好きで、歌の歌詞を書いていらっしゃるのかと思ってました。

谷川　いいえ、全然そんなことはなくて。僕は友だちに作曲家が多かったから歌は書いてくれましたけど、自分でそれを歌いたいとか、そういう気持ちは全然なかったですね。それが何年か前に転機が訪れたんですね。それから僕は、あっ、歌が歌えるんだと気がついたんです。それまで歌えると思ってなかったんです。それはたぶん家庭の環境だと思うんだけど、父はまったく鼻唄ひとつ歌わない人だったんです。母のほうは逆に讃美歌好きで、弾きながら歌ってて、思春期の僕にハモれって言うんです。それが嫌なんですよね。男の子としては、母親とハモるなんていうのが。だからどうもそのへんで歌嫌いになって。

池田　そういう子どものときの音楽的な体験というのは重要ですね。たとえば私の女房の母親が、やっぱり最近歌う喜びを覚えたのですが、いまもう八十八ですけど、小学校のときに先生に「あなたは音痴だ」って言われたというんですよね。

谷川　そういうのが大きいんですよ。

池田　それで、自分は歌を歌ってはいけないとずっと何十年も思い続けていた。私の女房も声楽家なものですから、女房のレッスンを母親も受け始めて、ああ、自分は歌を歌えるんだと、八十過ぎてから気づいたということなんです。

谷川　レッスンを受けてとは高級ですね。僕はもっと運命的な出会いがありましてね。ある日、車のラジオを聴いていたら、森進一の「悲しみの器」という曲が流れてきて、なぜか知らないけど感動しちゃったんです。これは森進一が歌っているけれども、谷村新司の曲だったので、ちょっとフォーク調の曲なんですが。それを聴いて、僕はなにか啓示のように、この歌を歌わねばならないと思いまして、それでカラオケの機械を買い込んだんです(笑)。僕はカラオケの場があまり好きじゃなかった。いまでもそんなに好きではないんですけれども、カラオケという場で歌いたくないから、まず家でうまくなってから行こうみたいなことで、けっこう高いんですけど機械を買いまして、それで密かに練習してた。それからときどきカラオケに行って、歌ってみると、まあ、歌えてるんですね。いいですね、歌を歌うって(笑)。池田さんはいつごろから歌をお歌いになるのを仕事にしようとお思いになりました？

池田　私はほんとに偶然でしてね。中学校、高校のときもコーラス部に入ったりしていて、歌を歌うのは好きだったんですが、父親の仕事の関係で東京に転校してきて、たまたま編入試験を受けた高校がその年のＮＨＫ合唱コンクールで全国一位になった高校だったんです。それでその学校の音楽の教師と出会ったことがこの職業を選んだきっかけですね。ですからおやじの転勤がなければ歌うたいにはなってなかったでしょうね。

谷川　でも、声の良さは生まれつきでしょう。

池田　声はつくってどうなるというものではないですね、やっぱり……。鹿児島で宴会がありますと、ほんとにもうみんなの声が大きくて、かなわないですよ。

谷川　そうですか。でも、やっぱりまずとにかく声がいいというのはすごく羨ましいですね。

池田　声について思い出すのは、中学生のころ、たとえば遠くにいる友だちを呼びたいと思っても、ここで大きな声を出すと喉を痛めるなとか思ってましたね。だから喉を痛めることは妙に避けるヘンな子どもでした(笑)。

戦前、戦後の童謡

谷川　それで、少し話を元に戻しまして、阪田さんは讃美歌と同時に童謡もお家で歌っていらっしゃいました？　北原白秋たちの童謡運動というのがもうありましたよね。

阪田　私が幼児だったのは、幸いそういうのが作られていた時期よりちょっとずれて日本中に普及しきったころでしたから、昭和の初めはできたての新鮮な童謡がたくさんあって、膝まで浸かって遊んでいたようでした。だからもちろん白秋、それから叔父の大中寅二の先生が山田耕筰だったものですから、家族のみんなは山田先生って言ってたんですが、山田先生の歌はよく歌ってましたね、僕は先生とは言わなかったけれど。

谷川　大正から昭和にかけての童謡はどうでしたか？

阪田　ブランコに乗ると、姉たち女の子は「揺籃《ゆりかご》のうた」を「ねんねこ、ねんねこ、ねんねこよ」って、もうお母さんみたいな顔になって、うっとりして歌ってたんですよね。

河合　僕は、あの歌はものすごく感激して歌った歌です。子ども時代を思い出しますね。あれは誰が作られたんですか。

阪田　草川信の作曲です。作詞は白秋でしょう、やっぱり。

谷川　あの時期の童謡というのは、もう小学唱歌とはだいぶ違ったものが出てきてますね。

阪田　そうです。小学唱歌には子どもの心と生活が欠けていると批判して、大正七年から『赤い鳥』が童謡運動を始めたのが、昭和七年ごろには大阪の町にも広がっていましたよ。

谷川　そういうタイム・ラグがあるというか、やっぱり関東圏から広まっていったように感じましたか。

阪田　そうでしょうね。ひとつ年上の従兄弟の大中恩が、春や夏の休みに東京から遊びに来るたびに、新しい歌をひとつ持って来てくれました。歌だけじゃなく、「インチキ」という言葉やヨーヨー遊びも。

谷川　関西の方が東京地方で作曲された歌を聴くと、なんか違和感があるということはありますか？　アクセントとか。

阪田　それはありませんでした。やっぱり尊敬して歌ってましたよ(笑)。教会附属の幼稚園では大中寅二の歌を習ってましたが、山田耕筰の弟子だけあって、厳密に東京アクセントで書いていています。海は全部、ウミです。大阪のウミと違って透きとおってる感じがしました。

谷川　『赤い鳥』の戦後版というのもヘンですが、またメディアも違うんですけれど、「みんなのうた」がＮＨＫで始まったのは何年ごろでしたでしょうか。

阪田　昭和三十六年です。

谷川　阪田さんが放送局で子ども向けの歌をお作りになられたのはいつごろです

か？

阪田　僕は昭和三十年。

谷川　早いんですね。阪田さんはそのときに、ずいぶん子どもの歌を作曲家や詩人たちとお作りになりましたね。僕も作らせていただいたことがあると思うんですが。

阪田　そうでした。谷川さんに「うそだうそだ　うそなんだ」という歌を作っていただきました。

谷川　ええ、寺島尚彦と。

阪田　よく覚えてます。それから芥川也寸志さんが作曲したのもありましたね。

谷川　あれはどういうきっかけで始められたんですか。やはりそういう番組を作りたいと思われて？

阪田　ええ。小学校の上級生から中学ぐらいの子どもが歌えるようなものを作りたいと思ったんです。歌のおばさんがやっているのは幼児用でしょ。昭和二十五年にＮＨＫラジオで始まった「うたのおばさん」は、私にとっては、團伊玖磨、芥川也寸志、中田喜直といったクラシック系の俊秀が音楽学校を出たての新人として、本気になって幼児の歌と取り組んだという点で、新鮮なショックを与えられた番組でした。同じような作曲家たちに、あれよりもうちょっと大きな人たちの歌を作ってもらいたいと思って始めて、月に二つずつですから一年に二十四曲作るんです。私がやっていたころは初めの六、七年ですから、百五十曲ぐらい作ったんでしょうかね。谷川さんがそのときに雑誌の『母の友』を持ってこられて、「ひとくいどじんのサムサム」という曲を、「これを使わないか」とおっしゃって下さって、そのときには、どうもこれはあまり流行らないと思って使いませんでしたが。

谷川　だいいち放送コードにひっかかりますね。

阪田　自分を最後に食べちゃう、寂しい詞でね。ちょっと高級だと思って。それでいつも反省しているんです。谷川さんとこういう話をするときに、それを申しわけなく思ってて。あれ使っときゃよかった(笑)。

谷川　いや、そんな。あの曲、僕が一人で歌っているだけで、全然流行ってませんけど、林光さんの名曲だと思っています。

河合　谷川さんが以前、僕のところへ来て歌われたのは、その「ひとくいどじんのサムサム」でしたね。あれ、なかなか名曲ですよ、ほんとに。どうですか、ひとつ、いま歌われては。

谷川　はっ？　無伴奏で歌うんですか、しかも池田さんの前で。

河合　伴奏があるといいんだけどね。

谷川　あるといいんですけど……。エコーかなんかかからないかなあ(笑)。

ひとくいどじんのサムサム

ひとくいどじんのサムサム
おなかがすいてうちへかえる
かめのなかのかめのこをたべる
ななくちたべたらもうおしまい
ひとくいどじんのサムサムとてもさむい

ひとくいどじんのサムサム
おなかがすいてとなりへゆく
ともだちのカムカムをたべる
ふたくちたべたらもうおしまい
ひとくいどじんのサムサムひとりぼっち

ひとくいどじんのサムサム
おなかがすいてしにそうだ
やせっぽちのじぶんをたべる
ひとくちたべたらもうおしまい
ひとくいどじんのサムサムいなくなった

ありがとうございました。（拍手）

河合　これは池田さんの講評があるべきです（笑）。

池田　いやあ、いいもんですね、詩人の自作の歌。なかなかやっぱり僕らとは違う味わいがありましたね。いや、ほんとにブラボー、ブラボー。（拍手）

NHK　みんなのうた

谷川　「みんなのうた」というのは一時、相当いい歌を生みましたよね。

阪田　ええ。始めは欧米のキャンプソングだの民謡だのに日本語をつけて、編曲にも凝って、久里洋二さんのイラストなんか使ってました。そのうち日本のオリジナル曲も出て来ました。

池田　谷川さん作詞の「誰もしらない」もそうですよね。

谷川　そうです。

池田　テレビで見た記憶があります。

河合　ほかに、どんなのがありますか。

阪田　初期は「線路は続くよどこまでも」とか、「おお、牧場はみどり」とか、ポピュラーな外国曲が中心でしたが、まどみちお作詞、大中恩作曲の「ドロップスの歌」、薩摩忠作詞、小林秀雄作曲の「まっかな秋」、やなせたかし作詞、いずみたく作曲の「手のひらを太陽に」、谷川さん作詞で服部公一作曲の「月火水木金土日のうた」峯陽作詞、林光作曲「ぼくらの町は川っぷち」……。

谷川　まどみちおさんがどんどん人に知られるようになったのは、やっぱり「みんなのうた」の力も大きいんじゃないでしょうか。

阪田　そうですね。「みんなのうた」の前のラジオ「うたのおばさん」でも大活躍なさったけど、名前が知られたのは、「みんなのうた」以後ですね。昭和四十年すぎに、まどさんが初めて『てんぷらぴりぴり』(大日本図書)という詩集を出されたとき、まどさんが新しい童謡の本を出すんだと思って楽しみにしていたら、歌詞ではなく詩ばかり書いてあったんで、がっかりしたことがありました。

谷川　そうですか。僕はあれで、まどさんは詩人なんだということがわかって、すごく感激しましたけれど。

阪田　それなのに、僕らは愚かにもがっかりして。谷川さんのおっしゃる「中心のある詩」を、童謡のかたちで表すのは至難のわざという気持ちで尊敬していましたから。

子どもの歌の現在

谷川　その「みんなのうた」も、ずっと続いていますが、いま見るとずいぶん変質しましたね。もう子どもの歌というものではないんじゃないでしょうか。

阪田　そうですね。受け手の子どもらも変わってきたんでしょうか。

池田　教育テレビをつけてもそうですけど、最近は子どもに見せる番組が原色のキャラクターの人形だったりがたくさん出てきて、興味を引くために極彩色になっていて。歌にしても、子どもがそれをほんとうに望むかどうかわからないのに、なんかべチャッと歌っていてね。やっぱり、いい作品を、作品として一所懸命歌って伝えるという姿勢が欠けていると思うんですね。作品に対する愛情で番組を作ってほしいという気がすごくしますね。

谷川　僕、いまでも歌を作っているんですけれども、たとえば「みんなのうた」に取り上げてもらいたいと思うでしょ。なんかもうすごいことになってますよ。ＮＨＫだからまさかお金は動かないと思うんだけど、「みんなのうた」に取り上げられたらＣＤの売り上げが増えるということがはっきりしているから、ものすごい競争で。だからいい歌を放送するというのとちょっと違う価値基準になっているような感じがしますね。

阪田　いま五十か六十ぐらいの女の方なんかは、昔は「みんなのうた」を聴くために学校から走って帰った、と言ってましたね。

谷川　アニメーションがついていて、それも和田誠さんとか面白い人たちがやってたから、すごくいい番組でした。

池田　そうでしたね。

河合　いまは確かに、いいというより、刺激のきつさとか、華やかさとか、そういうもので飽きさせないということのほうが先にきていて、子どもの番組を見ると、すごくげっそりしますね。滅多に見ませんけど、いま言われたのと同じことを思います。

そうじゃなくて、子どもにほんとうにいいものを見せるとか聴かせるということをやらなくては、僕は子どもを馬鹿にしていると思いますよ。

池田　そう思います。

河合　子どもというのはもっとすごいということを知らないんですね。いまの子ども向け番組は大人が頭で考えて、まさにチャイルディッシュな子どもに合うように作ってるんであって、ほんとうの子どもはあんなので騙されないと思っているんですけど。

谷川　あれは、だいぶ前に日本に入ってきた、アメリカの「セサミストリート」の影響を悪く受けてしまったということがあると思うんです。「セサミストリート」は考え抜かれた番組で、歌でもほんとうにいい歌があるし、キャラクターデザインもじつにユニークなもので始まってたんですけど、日本のテレビには、あれの亜流が氾濫しましたね。それはすごくよくないと思うんです。

河合　亜流になるから、いっぺんに駄目になるんですね。

谷川　僕が戦後、五〇年代に子どもの歌の作詞を始めたときに、すでに「童謡」という言葉を使いたくなかったんですね。なんかもう童謡というのは手垢がついちゃって、古い歌だという気がして。で、「新しい子どもの歌」とか、無理やり呼んだりして同時代に芸大の作曲科にいた連中と、子どもの歌を作る運動を一時やっていたことがあるんです。そのころはまだ子どもの歌というものが成立していたような気がするんですが、いつの間にかCMソングとかアニメの主題歌みたいなものが子どもの歌になっていってしまって。いまわれわれが子どもの歌として書いても、子どもは歌ってくれないんじゃないかという気がするんですね。

昭和三十年代は、まだうちのまわりの路地でわらべうたの歌声が聞こえてたんですが、それがいつの間にかぷっつり聞こえなくなっちゃって、子どもたちがもうわらべうたで遊ばなくなってしまった。これじゃ寂しいから、わらべうたの少し新しい、新版みたいなものを書いたんです。伝統的なわらべうたというのはもう言葉の中身が古くて、例えば畳の上じゃなくて団地に住んでいる子どもたちには、かまどとか言ってもわからないわけだから、中身を少し新しくしたほうがいいんじゃないかと思って。でも、それも結局、大人たちが喜ぶだけで、子どもたちはそれで遊んでくれないんですよね。ですから子ども文化そのものがずいぶん変質してきているという感じがするんです。かつての子どもの歌というのを、安田祥子さんと由紀さおりさん姉妹のような方がアメリカまで行って歌うと、すごく人が集まるということは、童謡は相当のお年の方々が郷愁を感じて聴くものにもう転化しちゃっているという感じがしますね。

生の声で接することの大切さ

池田　現代の音楽事情というのは非常に不思議な現象があるように見えるんです。というのは、僕らにとって、いまテレビの歌謡番組に出てくる若い歌手たちの歌はもう区別がつかず、どれも同じように聴こえる。にもかかわらず、若い連中はカラオケで平気で歌っている。やっぱり若い人たちには区別がつくようだということがありますね。それから昔のヒット曲というのは必ず巷に全部流れていて、どこでもそのメロディーが聴こえたものですが、いまはこのＣＤは百万枚売れているといっても、そのメロディーがちっとも町のなかで聴こえてこない。みんな自分でウォークマンで聴いたり、個人的に聴いているんですね。だから、世の中の動向をみるのも難しいという感じがすごくしますね。

谷川 そうですね。このあいだ浜崎あゆみの歌詞だけがいっぱいプリントされたのを友だちに渡されて、僕、歌は聴いたことないんですが、意見を言えと言われて読んだんですけど、歌詞だけ見ていると、ところどころに光る行があるんですね。だからいまの若い子たちはそういう、自分にとってなにかぴったりくる行を聴いてるんじゃないかなという気がしました。浜崎あゆみって、小さいころに両親が離婚していて、心の傷をもっている人なんですね。「トラウマ」という題名の曲を書いているくらいだから、なにかそういうものを言葉に出そうとしていて、それにもしいまの若い子たちが共感しているのだとしたら、やはり歌として機能しているんだなと思いますね。音楽関係の友だちに聞くと、曲は全然つまらないと言うんです。だから曲は全部同じように聴こえちゃうんだけど、言葉を通してそのタレント個人と一対一になるような聴き方をしているんですよね、こうやってヘッドフォンで聴いているわけだから。音楽市場というのは、これだけ巨大産業でしょう。信じられないぐらいのお金が動いているわけだから、やっぱりそれは歌の持っている力、声の力じゃないかな、という気がしますね。

だから、文字はたかだか数千年の歴史しかないわけですけど、語りにしても歌にしても、声としての言葉はおそらく相当遡れると思うんです、もしかすると何百万年も。それでさらに遡れば、たぶん人間以前の獣の吼え声とか、小鳥の囀《さえず》りとか、あるいはもっと自然の音というものも、そういう声となって進化し続ける人間のからだのなかにずっと入っているという感じがするんです。ですから、視覚で読むのと、声に出して読むのとでは、同じ詩でもやっぱり声に出したほうが聴いて下さる人のからだ全体に入っていくという実感がありますね。だからそういう意味では、たとえばEメールとか、ネット上で文字で読むというのも、これは印刷と同じことであって、からだ全体には入ってこない。肉声の持つ力というのは、人間の普段意識できないような臓腑というか内臓というか、そういうものとつながっているような気がして、それがやっぱり歌の力だと思うんです。

河合　そのとおりに思いますね。いまは確かにネットでパッパッと連絡できるから、いかにも通じあっているように見えるけど、ほんとうに人と人とが一対一で人間として会うということはすごく違うと思います。「悲しい」といったって、どんな顔をしているのか、どんな声で言っているのかによってまったく違いますからね。ところが文字にしたら「悲しい」しかないわけでしょう。だからいまはある種のことが非常に簡単に文字と電波でできるから、みんな実際に触れるということをちょっとサボり過ぎているという気がしますね。それこそＣＤで聴いたら聴けてるように思ってるけど、ほんとうに歌を歌ってもらって聴くのとはまったく違うと僕は思うんですけどね。

谷川　そうですね。

河合　それをみんな、もっとこれから自覚するかな……。あるいはもっともっと機械のほうにまっしぐらにいってしまうとしたら、僕はそれは非常に残念ですね。生で接することに対してみんながちょっと億劫になり過ぎているとは思いますね。

谷川　生で接することの代用品が、たとえば携帯にまでカメラがついて顔写真が送れるとか、あるいはテレビ会議で実際に会わずに済ませるとか、どんどんテクノロジーが発展していくと、不精になってきて、それと実際に会うことの区別がつかなくなってきているような気がするんですけどね。

河合　おかげで僕の商売が流行るんですよ。そんなのばかりやっているから、だんだんみんなおかしくなってきて、おかしい人が増えて私の商売が流行る(笑)。ほんとにそうですよ。だから私ら心理学者は人間と人間が実際に会わないと絶対駄目ですよね。しかしどこかの時点でもうちょっとみんな留まってほしいですね。それでも、読み聞かせなんかは、いまだいぶ盛んになっていますね。

谷川　そうですね。

声の復権への動き

河合　読み聞かせだけじゃなくて、もっと歌うこともやったらどうでしょう。子どもたちと一緒に歌うのもだいぶやっているんですかね。

谷川　このあいだ、福音館から出ているわらべうたの本をお書きになった方が、自分のところに子どもたちを集めてわらべうたを教えるビデオを見ましたけれども。

河合　そうですか。それで思い出した。この前、ＮＨＫの仕事でアイルランドへ行きましてね。アイルランドでは、アイルランドのむかしの歌を子どもたちに教えるグループがありました。それは学校ではないんですけど、放課後ずいぶん大勢集まってきて、みんな歌っているのを、聴かせてもらったけれど、すごく面白かったですね。やっぱりアイルランドなどはもういっぺん歌を大切にしようとして一所懸命になっているわけですね。

谷川　そうですね。特にアイルランドは口承の伝統がすごいところですからね。

河合　そうそう。いままで伝わってきている古い歌、シャーノスといったかな、それをちゃんと教えるグループがあるんです。みんなボランティアでやっています。

谷川　日本では歌はどうもカラオケに消費されているようなところがあるんですね。カラオケはグループでやるというものではなくて、みんな勝手に歌ってだれも聴かないというものですが。

河合　あれはだれも聴いていないですものね、ほんとに。

谷川　そうなんです。だけど、コーラスグループは盛んですね、家庭の主婦の方とか学校とか。それから歌じゃなくて、朗読のサークルなどで、いろんな文学テキストを声に出す人たちはすごく増えています。なんと驚いたことにいまベストセラーの一位は、齋藤孝さんという方が書かれた『声に出して読みたい日本語』(草思社)という本ですものね。

河合　そうそう、あれ、僕もいいなと思ってたんです。

谷川　あの本のすごくいいところは、それこそ古事記とかの古典からずっとやっているところですね。なにか詩を覚えましょう、と小学校とかでいうレベルとは全然違うところから始めているから。でも、ああいうものが売れるということは、やはりみんな声というものの復権を無意識に望んでいるのではないかと……。

河合　そう思います。あまりにも機械、機械で生きているから。自分が生きている証拠はというと、歌えばすごく出てくるわけだから。

なんのために歌うのか

河合　小学校でも中学校でもいろいろやる合唱コンクールとかはどう思われますか。プラスとマイナスと両方あると思いますが。僕が心配するのは、コンクールに出るためにやり過ぎている感じがして、ちょっと気持ち悪いところがあるんですけど。

池田　一所懸命にやっているのはすごくいいんだけれども、音楽というのは基本的に競うものではなく、楽しむことを忘れていませんか、というところがどこかあるんですよね。

河合　「どこか」どころじゃない、あるんですよ(笑)。それで、先生がやたらに怖いんですよ。指揮者の佐渡裕《ゆたか》さんが言っていたけれど、コンクールというのはどうしても採点が減点法になるんだそうです。ちょっとはずしたらマイナス一点とか、初めが合わなかったらマイナス一点とか。そうすると、絶対間違えないように、間違えないように、とやることになる。佐渡さんが指導している吹奏楽団がなにかのコンクールに出たらしいんです。その吹奏楽団の演奏が終わった後、観客はみんなフーッと息を呑んで、しばらく拍手が出てこないほど感激したんです。それですごく喜んどったら、上位のほうにはいかなかったんですって。つまり、すごく感動的だけど、やっぱりちょっとずつ失敗していたわけですね。他の吹奏楽団は失敗がないんですよ。それで減点法でいくから、マイナス点があるために上位へいけない。そんな馬鹿なことはないと、彼はすごく怒ってたけど、日本のコンクールは特にそうじゃないですか。

池田　そうですね。

河合　その減点法というのをやめにゃいかんのじゃないかなと思うんですけどね。

池田　難しい曲をやりすぎますよね。もっと喜びのための手段としての合唱というのをやらないとね……。

谷川　そうですね。僕も歌を歌うようになってから気がついたんですけど、初めのうちはなんでみんな歌うのかわからなかったんです。そうしたら、要するにその歌の歌詞のなかに一行でも二行でも、そのときの自分が共感できるものがあればいいんですね。それがわかっただけでも収穫なんです。だからいままでも、歌全体としてはそんなにたいしたことないんだけど、この行があるから歌いたいみたいな曲がある。そういう歌い方でいいんでしょうか(笑)。

子どもたちに届く声

池田 音楽の表現にフォルテとピアノというのがありますよね。フォルテは強くて、ピアノは弱くて、という意味は皆さんご存じでいらっしゃるんだけれども、実際、なにがフォルテでなにがピアノなのかということは非常に面白いところだと思うんです。オペラとか芸術歌曲でもそうなんですが、要するに、感情の爆発するところがフォルテであって、じつはフォルテはどうでもいい部分なんですね。大事なことは、ピアノとかピアニシモの部分に書かれている。ここは大事ですよ、というために声をひそめて言うわけです。大抵の場合、ピアノと書いてあると、表現も全部弱くしてしまう。そうじゃなくて、表現が強くなるから、声をひそめて歌うという方法があるんです。

谷川 台詞も同じですね。昔の日本映画は強調するところはやたら怒鳴るんですよね。それで録音技術が悪いから全然聞き取れない。黒沢明の初期作品なんてそうですが。

河合　そうそう、僕はあれ大嫌いです。

谷川　ところがヨーロッパ、アメリカの映画を観ていると、ものすごく大事な台詞はほんとに小さな声で言ってるんですよ。ほんとにそうなんだ。

河合　われわれ、もう少し小さい声で話しましょう(笑)。

谷川　そうですね、囁くように(笑)。

池田　阿佐ヶ谷のお寺にある幼稚園の住職と懇意になりまして、一年に一回歌いに行くんです。もう五、六年行っているんですけど、面白いんですよ。幼稚園生向けに子どもの歌を歌うんですが、最初のころはとにかく子どもを静かにさせることが大変だったんです。知っている歌があれば騒ぐ、こちらが何か質問して、答えられるといっては騒ぐ、もう大変なんですよね。三年目ぐらいからコツを覚えましたが、最初のやり方はちょっとずるくて、「いま騒いでるのは年小さんかな、年長さんかな」とか言うんですね。そうすると、やっぱり競争意識があって静かになる。とにかく三十分ぐらい幼稚園生を相手に歌うのに、彼らのエネルギーと対抗するために、オペラ全曲歌ったぐらい疲労しちゃうわけです。で、あるとき気づいて、小さくしゃべってみたんです。声をひそめて、「あのね、この歌は……」って言ったら、みんながシーンとなった。あっ、これはしめたと思いましてね。やっぱり子どもにも興味を引くためには、ただ大きくしゃべればいいんじゃないという経験をしました。

河合　池田さんがいま言われたので思い出したんですけど、自閉的な子どもさんの後ろでドカーンと大きな音を出したって全然知らん顔なんです。耳が聴こえないのかと思うぐらい。でも、後ろから、声をひそめて「××ちゃん」いうたら、ぱっと振り向くんです。だから小さい音でその子に向かっているというのと、ドカーンと大きな音を出しているのとはまったく違うんですね。そういう大きな音は自分に関係ありませんからね、そういうのは聴こえないか、聴いても全然心に達しないんでしょうね。

谷川　僕は、ヘッドギアを着けているような重度の障害児のための、言葉を、それを実際に声に出す女優さんと一緒に考えたことがあるんです。そういう障害児に先生たちはどうにか言葉を覚えさせようとして、一対一で向かい合って一語一語教えているらしいんですが、子どもたちはなかなかそこで開いてこない。ところが僕の友人のその女優さんが行って、意味のない声、それこそ「ことばあそびうた」じゃないんですけど、そういうものをリズミカルにやると、その子どもたちがからだが不自由なのに反応する、それで先生方がびっくりするというんです。それがきっかけで、そういう子どもたちにどういう詩を書いたらいいかというので、養護学校の先生や専門家と相談しながら一冊、詩を書いたりしたんです。子どもはまず意味よりも先に声の調子とか音の面白さみたいなものにからだで反応してきますね。だから声の小さい・大きいというのも結局そういうことのような気がして。言葉というものを大人はだいたい意味の連鎖として捉えているわけだけれど、言葉にはもっとイメージもあるし、音もあるし、特に人間の生の声というのがすごく大事だということは、そういう障害児とのコミュニケーションを通じてもわかるような気がしますね。

音楽による自己治癒

谷川　阪田さん、いま歌はお歌いになりますか。
阪田　さっき河合さんから、鼻唄はいつも歌っていると聞いたんですが、僕も鼻唄を歌っているんです、知らずに。それぐらいです。
谷川　どういう？
阪田　意味もない、ふふふん……なんて。それはそれはつまらないフシで、歌ってる本人の中身の貧しさ露われてるのかなぁ、と思います。
谷川　いま聴くのは、どんな音楽をお聴きになるんですか。
阪田　外出がままならず、音の再生の機械もチャチで、耳も遠いしで、あらたまってはほとんど聴かないですね。松平アナウンサーのやっている「その時歴史が動いた」のテーマ曲は聴いてます。終わりがけのところで、いい気持ちになれるのは、歴史の非情を代わりに受け止めてくれてるからでしょうか。

谷川　ありがとうございます、私の息子（谷川賢作）の作曲。

阪田　千住真理子さんがバイオリンを弾いているいまの朝ドラ（「ほんまもん」）の曲も、毎朝聞いててもあんまり嫌じゃないですね。

谷川　あんまり嫌じゃない、というのも微妙な表現ですね。

阪田　はじめキレイすぎじゃないかと余計な心配をしていましたが、スジが深刻になって、不幸の影が立ちこめてくると、あれが救いになるんですね。狭い家でテレビつけっぱなしの日が多いもので、音はよく聞いてます。夜の別のドキュメンタリーで、中島みゆきさんが始めに歌っているのがありますが、歌詞は二、三行分ほどしか聞きとれないけど、そこは印象に残っています。

谷川　河合さんは音楽会にいらっしゃる暇なんかは到底おありにならないですか。

河合　あんまりないですね。できるだけ行きたいと思ってても、行こうと思ったら、すごく早くからそれを確保しないと行けないし。ほんとうはもっともっと行きたいと思いますね。

谷川　僕はこのごろあんまり音楽を聴かなくなったんですけど、一時なんとなく落ち込んでいるとき、無性に音楽が聴きたくて、音楽に甘えてやり過ごしたみたいな経験があるんです。音楽療法みたいな言い方もありますが、音楽にはそういう力があるんでしょうか。

河合　それはもう絶対にあるんじゃないでしょうか。すごい力があると私は思いますけど。

谷川　そうすると、いまの電車の中でヘッドフォンをつけている連中も、自分で自分を一所懸命治そうとしているというふうに言って言えないこともない……。

河合　それはそう思いますよ。そういうひとつの表れだと思います。みんないろいろ苦労しているとは思うんです。

谷川　きらいな音楽や歌はうるさく聞こえますけど、好きなものはフォルティシモで鳴っていても静かに聞こえるんですね、音楽と歌はなんか心とからだをひとつにしてくれる、ふるさとみたいなものだって感じます。その原型が子守唄かな。

息からはじまる声の表情

谷川　池田さんはお仕事としてずっと音楽をやっていらして、音楽が嫌になったとか飽きたとかいうことはないんですか。
池田　いや、もうそれはあります。こうやってしゃべるとがっかりなさるかもしれないけれど、やっぱり音楽を職業としていますと、曲を練習するために楽譜と対照しながらCDを聴くということはあっても、安らぎのために、あるいは楽しむために音楽を聴くことはほとんどできないですね。
谷川　やっぱりね。
池田　だから、野球選手だって、一年中野球をやっているのはほんとうに大変だと思うんですよ。
谷川　一年中、詩を書いているのもけっこう大変なんですけど(笑)。
池田　そりゃあ、そうだな(笑)。

谷川　そんなに書いてませんけどね。

池田　まだ音楽はいろんなジャンルがあるから、オペラをやったり歌曲をやったりできるけれども、いつも野球のことばかり考えてなきゃいけない野球選手はしんどいだろうなと思いますね。人が楽しみでやることを商売にするのはなかなかしんどいものだという感じはします。

谷川　そうですね。池田さんがいままででいちばんお好きな歌手、尊敬している歌手はどなたですか？　さっき黒人霊歌とおっしゃいましたけど、僕は若いころ、マリアン・アンダーソンという歌手がすごく好きで、その延長としてゴスペルのマヘリア・ジャクソンは世界最高の歌手の一人だと思っているんですが。

池田　私自身は、一九八〇年から一年間、文化庁の派遣でミュンヘンで勉強させていただいたことがありまして、そのときにハンス・ホッターという世界的なバス歌手に一年間ついたんです。ハンス・ホッターの演奏そのものが好きで、彼のところへ行ったのですが、レッスンを受けてみると、とにかく四小節も歌わせてくれない。怒るんです。ワーグナーの「マイスタージンガー」の中にある「なんとニワトコの花の香りが甘く漂っていることか」というハンス・ザックスのアリアを歌っていたときですが、私が歌うと、ふた言、み言で、もう怒るわけです。なにがいけないの、どこが？　ちゃんと楽譜どおり歌ってるじゃない、と思うんですが、もう一回、もう一回、と言って、ちっともなにがいけないか教えてくれないんです。

ほんとに困っていたら、歌って聴かせてくれました。そのとき、ホッターが歌ったのを聴いて感動したんじゃなくて、歌う前に息を吸ったのを見て感動したんです。歌を歌う前のその瞬間、ほんとにホッターがニワトコの花の香りを嗅いだように見えたんです。ホッターはそれをそうとは説明してくれなかったんですよ。歌う前に白い息を吸わない。つまり怒る歌を歌うときには必ずその前に怒る息が入って歌う。笑うときには笑う息が入って歌い出す。悲しいときには悲しい息が入って、その悲しい歌が始まる。白い息を吸って、声が出た瞬間から表情が始まるのではないというのを知ったのは、ホッターのそのレッスンのときです。それはもうほんとに衝撃的でした。

谷川　なんか河合さんのフルートにも役に立つようなご意見で。

河合　これから息を吸うときに注意したいと思います(笑)。

谷川　では、これで終わりたいと思います。どうもありがとうございました。

語り　声の現場

谷川俊太郎

子どもの言葉とからだ

子どものからだが変化してきているということはずいぶん前から、たとえば竹内敏晴さんなどによって指摘されていたわけです。それこそ子どもの姿勢がおかしいとか、声がはっきり出ていないとか、ずっといわれてきましたね。それと声に出してテキストを読むということは結びついていると思うんです。声に出すということは、単にテキストを音読することではなくて、自分のからだのあり方みたいなものにすごく関係している。声に出すことで、からだもたしかに元気になっていくのは、みんなカラオケで知っていると思うんだけども、そういう意味で、教室で詩を声に出すようになることは、すごく望ましいと思っています。

それには、戦後教育のなかの丸暗記を子どもにさせるのは非民主的だという方針が影を落としている。丸暗記と暗唱は違うもののはずなんだけれども、ここ数十年、声に出すことよりも、文字を目で読んで意味を考えるほうに重点が置かれていたことへの反動もあると思うんです。

もともと韻文というのは、大雑把にいうとまだ文字がなかった社会で、たとえば王さまがやってきたことを記録するために、それを長く伝えるために、調子よい韻文で語って、だれもが記憶できるようにするという起源があると思うんですよね。もちろん宗教的な踊りとか祈りという起源も当然あるんだけれども。文字が出現し、印刷文化が盛んになるにつれて、そういう韻文のもっている働きが必要ではなくなってきたことも、現代の声のありかたの変化に関係があるのではないでしょうか。

何度も声を出して暗唱することで言葉がからだに入ってくる。それで覚えやすい。現代詩というのはほんとに暗記しにくいんだけれども、七五調の韻文の短歌、俳句だと知らず知らずのうちに覚えているってことあるでしょう。あるテキストがもっているスタイルみたいなものは、黙読して知的に意味をつかむだけでは、なかなかからだに入ってこないんだけれども、暗唱するとからだがそのスタイルを覚えるということがあるのだと思います。学校でいちばん教えにくいのは、文章の文体だと思うんです。

文体というのはなかなか分析しきれるものではないけれども、暗唱しないまでも声に出して読むと、文体の違いをはっきりからだで感じることができる。そういう働きも大切なのではないかと思います。ただ、ぼく自身も中学生のころ、漢文の時間で暗唱をさせられましたが、すごい苦手でしたね。自分の詩もほとんど覚えていないんですから。

詩を朗読するということ

詩の朗読ということに関していうと、第二次大戦中に、戦意高揚の詩の朗読とか七五調による短歌が結構盛んだったこともあって、われわれ戦後に書きはじめた人間は、日本語のもっている韻文性を意識的に排除しようとしていたところがあるんです。詩人の小野十三郎さんが、「短歌は奴隷の韻律だ」という有名な言葉を吐いているんですが、われわれはやっぱりそういうものに影響されていて、韻文的なものは人をなにか酔わせてしまって、批評精神を失わせるというふうに思っていたところがあります。

それで現代詩は声から離れて、いってみればちょっと頭でっかちな、観念的なものが多くなってきてしまった。いま、それに対する反動が出てきているのだと思います。

ぼくも詩を書きはじめたころは、詩というのは文字で書いて、雑誌に活字になって載せられて、独立した詩集になる、出版されると読者がその活字を黙読する、そういうのが詩の受け取られ方だとずっと思っていたんですね。いまでも基本的にはそういう受け取られ方が主流と言っていいと思うのですが、一九六六年にアメリカに半年ほど行っていたときに、向こうでポエトリーリーディング、いわゆる詩人の自作朗読を聞く機会が何回かあって、そしてぼくが詩を書いているというと、必ず向こうの人は、「声に出して聞かせてくれ」っていうんです。

それまでも、ぼくも少しは朗読ということをしていたし、先輩の、たとえば島崎藤村とか、そういう人たちの朗読の録音を聞いた経験があったんですね。だけど、それはNHKの資料室にあるレコードだったから、ザーザーいっている針の音の向こうから幽霊みたいな声が聞こえてくるというようなものであって、これは朗読による表現というよりも、声の記録みたいなものだなと思っていました。

ところが、アメリカで実際に現存している詩人たちの生の声を聞くと、すごく聴衆が生き生き反応していて楽しそうだし、詩人自身もすごく乗って詩を声に出しているんです。それを聞いているうちに、これは雑誌や本とは全く違う場だ、文字で発表するのと同じぐらい、声で詩を他の人々に届けるということは大事だと思うようになったんです。そのころから詩の朗読ということを前よりずっと大切に考えるようになって、朗読をする機会もふえました。

いまは活動を休止しているんですが、息子の谷川賢作がリーダーになって結成した〝DiVa〟という、現代詩を歌うユニットがあって、ぼくも参加して一緒にライブやCDを作ったんですね。彼らはいろいろ公演したいんだけど、名前が知られてないからなかなかお客が集まらない。谷川俊太郎を看板にすると少しは客がくるんじゃないかみたいなことがはじまりで、ぼくも、息子と一緒にやるのは楽しいし、じゃ一緒にやろうよというのが結構ふえたというだけの話なんですが。

でも、やっているうちに、ミュージシャンと一緒にやると、たとえばホールの雰囲気とか、そこでのＰＡ(Public-Address System＝場内放送設備)の使い方とかをずいぶん経験したから、だんだん朗読がうまくなってきたように思うんです。うまくなっていくことが必ずしもいいこととは言えない面もあるんだけれども、格段に舞台に立つ回数がふえたし、自分にとってはやはり勉強になった。会場の空間、聴衆の量と質、ＰＡの機材、それを調整する人の感性で朗読も全然違ってくるんです。ホールによって、ＰＡによって、詩が読みやすいこともあるし、なにかどっかが引っかかって、こっちも息が浅くなるような場合もあるし、そのときそのときで、いろいろ違いますね。

そういう肉声による声の場は、たとえばＣＤなど録音で記録された声を聞く場とまったく違うんです。肉声による場合はそこが「現場」になるんですよ。自分が聞き手と同じ場にいるってことが、つまり読む側からの一方通行ではなく、空気を共有していて、そこに交流があるってことが大事なんです。

日本の語りもの

最近は、むかしに比べると詩を声に出して朗読するということが盛んになってきていて、若い人なんか詩集出すより、ライブハウスで朗読したりＣＤ作るのが先というのも多い。一方、日本ではむかしから詩の朗読のようなものはあまりなかったという人が結構多いんです。けれども実際は、それこそ、たとえば平家琵琶とか、浪花節とか、詩吟とか、もちろんお能もそうなんですが、だいたい日本の邦楽というのは語りものがほとんどで、純粋な器楽曲というのは少ないんだそうです。日本人にはむかしから、綿々とそういう語りものの伝統、歌いものの伝統があったと思うんですね。

ところが問題は、明治のときに急激に西洋文化が入ってきて、日本の伝統が一時断ち切られてしまったことです。西洋音楽が圧倒的な強さで入ってきて、声に出す伝統でも、日本のものは古臭いような、あるいは発声方法がまったく違うからみたいなことで、排除されていってしまった。でも、一部のインテリのあいだで流行らなくなっても、普通の人たちのあいだでは、それこそお経とか落語とか講談とか民謡とか、いろんな形で声に出す伝統がずっと生き残ってきたことは確かです。

ぼく自身の語りものの体験はというと、たとえば、いま読み聞かせとか語り聞かせがすごく盛んだけど、ぼく自身が親からそういう読み聞かせをしてもらった記憶はないんです。ただ、一つ覚えているのは、父親の郷里の常滑に行ったときに、ほとんど会ったことのない父方の祖母が、小学生の従兄弟たちがいっぱいいたんだけれど、その従兄弟たちみんなを集めてお話をしてくれたんですね。読み聞かせではなくて、おばあちゃんのからだの中に入っている昔ばなしをしてくれた。筋なんかはほとんど覚えていないんだけれど、「狸の金玉がぶくぶくぶくぶく大きくなってのう」というところがすごくおもしろくてね。聞いていたみんなも大喜びしたんだけど、その声はいまでもすごくはっきり記憶に残っています。

それから、いわゆる邦楽といわれるようなものも、うちでは西洋音楽が多くてあまり聞くことがありませんでした。ただ、いま考えてみると、小さいころからわりと、お能には連れていってもらっていたんです。だからお能と狂言の声というのは、自分のなかに入っているって感じます。とくに狂言というのは、子どもにもすごくわかりやすくて、お能のあいだは退屈しているわけだけれども、狂言になるとすごくおかしくて、うれしかったですね。

うちでは百人一首もやらなかったし、日本の口承文芸といっても、そのぐらいですね。その他は自分のからだのなかに入っていない。ただ、われわれ世代というのは、わらべうたを歌って遊んでいましたから、そういうリズムや調べの記憶はもちろんあります。父親が大学の教師だったということもあるんでしょうが、音声文化よりも印刷文化のほうにぼくはずっと触れてきたという感じがします。

詩のなかの声

詩を書くときに、それが声に出して読まれることを前提としているかどうかというのは、一つ一つの詩によって違います。よく、「詩を書きながら声に出しているんですか」って質問されるんだけど、それはぼくの場合には全然ないんですね。だけど、心のなかで声に出しているということは確かにあって、そのときに自分のなかで、自分のもっている日本語に潜んでいる内的なリズムみたいなもので自分の詩をチェックしているという感覚はあります。意味の面で推敲する場合もあるんだけれど、音の面で推敲することも結構あるわけです。

それと詩を書くとき、読むときのもう一つ大きな問題は、漢字・漢語にあると思うんです。漢字ひらがなまじりが日本語の表記の現在の主流ですよね。そして、もちろんそこから逃れることはできない。漢字・漢語というのは、一方では、いわゆる漢文脈といわれる日本文学のひとつのスタイルをつくってきていて、その格調はそれとして好きなんですけれども、他方で、漢字・漢語というのは、中国から入ってきた文字の発音を日本流に変えて使っているわけで、音と意味がうまく一致してないし、どうしても、もともとのやまとことばとずれていってしまう。そこから「あいうえお」とか、ひらがな、カタカナも生まれてきたわけですが。

われわれがもともと日常で使ってきたやまとことばでは、中国から入ってきた観念、あるいは西欧から入ってきた観念と馴染まなくて、うまく表現できないので、その訳語として漢字・漢語が利用されたところがあるんですよね。ですから、ぼくなんか漢字や漢語を見ていて、ときどき、いまだに外国語のような感じがすることがあって、自分のからだや暮らしに根づいてない言葉だという印象が強くします。ひとつの語の語源をたずねていっても、漢字・漢語だと日本の生活から離れて中国や西洋にいっちゃうことが多いんですね。たとえば「社会」というような言葉を小さな子どもに教えようとしても、そのままでは伝わらない。じゃあそれをどうひらがなに開くかといってても、やまとことばにはそういう概念がないんです。「民主主義」だってそうですよね、民主主義の概念がわれわれの暮らしに根付くには、まだまだ時間がかかるように思います。

そういう言葉を詩のなかで使わなければいけないわけですが、たとえば、現実に漢字の場合には同音異義がすごく多いということもあります。声に出したときに、いちいち、この「し」は、ポエムの「詩」であって、デスの「死」ではないなんてやらなきゃいけないようなところがあるんです。自分が詩を声に出すようになってから、漢字・漢語がひとつの障害になったというか——。もちろん漢字・漢語の長所は、いっぱいあるわけですけどね。表意文字としてのおもしろさがあるし。とにかくそういう漢字の問題という点からもひらがな表記を考えるようになりました。ひらがな表記をすることには、声にしたときに通じやすいということのほかに、言ってみれば身についていない観念的な意味をどうにかして開きたい、相手の知性に訴えるだけじゃなくて、からだにまで訴えたいというような気持ちもたぶんあったんだと思うんです。だからひらがな表記する場合には、声に出して伝えたいし、読者も黙読するだけじゃなくて、声に出して読んでほしいと思うことが多いですね。

詩と歌の関係

シンポジウムでも少しお話ししましたが、詩を書きはじめて間もなくの若いころ、子どもの歌の作詞をする機会がありました。そのころ、まだ子どもの歌は童謡と呼ばれていて、あんまりわれわれにとっておもしろいものはなかったんです。それで同世代の芸大にいた作曲家と一緒に、われわれで新しい子どもの歌をつくろうじゃないか、というようなことで始めたんですね。まもなくNHKで「みんなのうた」がはじまって、どんどん新しい子どもの歌が出てきたわけです。

作曲家じゃないからぼくはよくわからないけれども、われわれ世代では、歌というのは、いちおう西欧音楽の伝統の中でつくられた歌が多いわけです。われわれが書く口語の自由詩というのも、これを浄瑠璃でやれとか浪花節でやれといわれても、どっか合わないわけですから、どうしても西欧音楽的なものになっていってしまうわけだけれども、ただ、歌や音楽というのは基本的に、そう進化や発展をしないものだと思うんです。ほんとうに古い何百年も前につくられた歌や音楽に、いまでも現代人がすごく感動するわけですから。

だから言葉がどんなに世につれて新しくなっても、そこで歌がそんなに大きく変わることは、たぶんないだろうけれども、いまのポップスを見ていると、やはり少し変わったところもあるように思います。われわれのころは基本的に歌というのは、一番、二番、三番みたいな、小学唱歌みたいなものが歌の形だと漠然と思っていたんだけど、フォークソングの運動が起こってから、フォークシンガーの人たちは、われわれの書いた、歌詞ではないいわゆる現代詩を、平気で、ほとんど語るみたいにして歌うようになったんですね。それがぼくらにとっては新鮮で、うれしかったんです。われわれの現代詩が影響を与えたのかどうかはわからないけれども、フォークの人たちは現代詩に関心をもつはじめての歌い手ではなかったでしょうか。クラシックの人にはそういう意識はあまりなかったですからね。言葉を一種の素材のように使っていて。フォークの流れが続いていて、いまのポップスの歌詞は結構長くて複雑なものが多いですよね。ロックもそうでしょうけどああいう歌は、まず言葉として書くということはなくて、先に音楽があって、いわゆるキョクセン(曲先)というやつなんだけれども、曲の流れに沿って言葉をあてはめていくのが一般化して出てきたものではないかなという気はしますね。そういう意味で言葉と音楽との、お互いに関係しながら変化していくということが、明らかにあるとは思います。

語る技術

日本でも高校に雄弁部とか弁論部がいまでもあるでしょうが、むかしの高校生には雄弁ということを一つの技術として覚えようという人たちが結構いました。ぼくは友人と一緒に、もうだいぶ前になるんだけど、『にほんご』(福音館書店)という、小学校一年生向けの国語教科書モデルみたいなものを、つくったことがあるんですが、そのときにいまの小学校の国語の教科書や授業に接して思ったのは、やっぱり明治以来の読み書き算盤が残っていて、読み書きは一所懸命教えているんだけど、話す、聞くということは、ほとんど教えてないという印象だったんですね。それはいまもそんなに変わっていないような気がしています。

ぼくはスヌーピーで有名な『ピーナッツ』という漫画を訳しているんだけど、あのアメリカの漫画には、よく「ショー・アンド・テル」という時間が出てくるんです。それは子どもたちが何でも自分の好きなものを一つ持ってきて、それについてみんなの前でお話をするという時間です。それを見ていると、日本人が一般的にいって話し下手なのは、小学校のころから人にどうやって自分の考えていること、感じていることを、正確に、簡潔に伝えるかという訓練をしてないからじゃないかと思うことがあるんです。

そういう意味では、日本の政治家の話を聞いていても、ほんとうに話し下手だと思いますね。小泉さんは、キャッチフレーズ的なものを使ったり、短歌とかたとえ話を引用するということだけで、少しはいままでの政治家よりも新鮮ですが、肝心なのは語り口ですよね。政治家の語り口には個人としての主体がよく見えないというか、ほんとうに自分のなかから湧いてくる語り方をしている人が非常に少ないという気がします。怒鳴ったりしているときは、まだそういうものが出てきているんだろうと思うんだけど、そうではなくて、人に対して自分の考え、論理を本心から伝えていく、それを手渡していくみたいなしゃべり方をする人が非常に少ないんです。

たとえばアメリカでは、スピーチは専門家がいちいちダメを出して演出してやるそうですね。日本でもそういう演出があるのかもしれないけれども、もっと、話すこと、聞くことが大切にされてもいいなって思います。だいたい、原稿を読んでいるというのはほんとに魅力ないですよね。目を上げないわけですから。ぼくらが詩を読みはじめたときに気がついたことの一つは、アメリカの詩人は、聴衆とのあいだに必ずアイ・コンタクトをとろうとするんです。ぼくもそれを学んで、自分が暗唱できないから本を読んで朗読するんだけれど、必ず切れ目でアイ・コンタクトをとろうとする。そうすると通じ方が全然違うんですよね。日本の政治家でも原稿なしで、相手の目を見ながら演説できるようになるといいんじゃないかなと思うんですけどね。語りというのは、単に声だけではなく、全身で伝えていくものだと思うんです。

「からだ」から「からだ」に伝わる声

前に、日高敏隆さんの本で読んだ話なんですが、鳥の一群が木に止まっていると、そこにリーダー格の鳥がいるんですね。危険が近づいてくるとリーダー格の鳥が叫ぶわけです。その叫びは「人間は危険だぞ」とか、「鷹がきたぞ」とか、意味伝達をしているととりがちだけれども、日高さんに言わせると、それは意味の伝達ではなくて、リーダーのからだが群れに伝染するんだっていうんですね。

そういわれてみると、赤ん坊がギャーギャー泣いているとき、言葉がしゃべれないから意味が通じないわけだけど、母親は、その泣き声の調子ですっとんでいくわけです。いつもと違う、なにか起こったんじゃないか、とか。もちろん赤ん坊が喜んでいるときは、笑い声でよくわかる。声のいちばん最初の形態というのは、意味内容の伝達ではない、もっと全体的なコミュニケーションだということでしょう。

たとえば、文字ですごい叫び声が「ギャーッ」と書いてあっても、黙読して想像である程度は再現できるかもしれないけれど、実際にギャーッっていう叫び声を聞いたりすると、人間は飛び上がりますよね。そこが文字と声の大きな違いです。文字はどうしても明示的な視覚から入って脳へ行くわけですが、声というのは、もっと暗示的な聴覚という感覚から直接からだに入っていく。聴覚は、すごく触覚的な感覚だと思うんです。音波は鼓膜に触れるわけだから。それを通してからだに入ってくる。文字と声は、その違いがすごく大きいんじゃないかなと思います。

声は一対一で伝達するもの

ぼくは基本的に声での伝達は肉声による一対一のものだというふうに思っているんです。ぼく自身が、たとえば人がざわざわいっぱいいるところでいろんな人と話さなきゃいけないパーティーってすごい苦手でね、お話をするんだったら、ちょっと別室でお話ししましょうみたいに思っちゃうんです。一対一が基本だということを、みんなどういうふうに思っているのかなあと思うんだけれども、携帯の使い方もそうだけど、いま友達が何人もいないと不安だという人が結構いるそうですね。わりと広く浅い場みたいなものをみんな求めている。それは寂しいんだけれども、一方で、深入りしたくないということのあらわれのような気がします。

芸能としての語りには、もちろん、一人の芸能者がいて多数に向かって語るという一対一ではないかたちが、むかしからずっとありました。でもそこでは送り手と受け手が同じ具体的な場を共有してたんです。いまの一対一を基本としていないような語りには、ラジオやテレビなどマスメディアの影響があると思います。テレビというのは、不特定の目に見えない観衆に向かってマイクとカメラを通して語りかけなきゃいけない形式で、受けるほうも、まったく共通の場にいないのに、いちおうバーチャルな共通の場にいるような気になってタレントと自分が親しいような感じをもっちゃうわけです。

本来の声の場というのは、相手の臭いとか顔色とか唾が飛んでくるとか、そういう具体的なからだの場なのに、いまのコミュニケーションの場というのは、変にからだ抜きのヴァーチャルなものになっているということがあると思います。そういうところでいろんな人と結びつくのは全然かまわないんだけれども、基本的には声は一対一のものなんだ、肉声が基本なんだということは知ってないとまずいんじゃないかという気がします。

声に耳をかたむける

もうひとつ声にとって大切なのは、声を出すというのは自分の側の問題ですが、一方で、相手がどう聞くかということがあるわけです。自分の立場で相手がしゃべっているのをどう聞くか。聞くということと、語る、話すということは、セットになっているんです。聞く訓練みたいなもの、それは聞く場をどういうふうにつかむかということでもあるんですが、そういう相手との関係の意識が必要なんじゃないかなって思います。

たとえば、ぼくは子どものころ、あんまり親にこっぴどく叱られたことはないんだけども、一つだけ骨身に徹して覚えていることがあります。自分の子どもにも同じように言ったことがあるんだけれども、それは人が話をしているときに横から割り込むなということなんです。よく、子どもって自分の欲求が強いと、「ねえねえ」って人が話しているときに入ってくるじゃないですか。大人でも結構そういう人がいますけどね。ぼくは、それはできるだけ避けたほうがよいことだと思っていて、とくに大人が話しているところに子どもが急に割り込むことは、うちの子どもに対しても「やるな」って躾けた記憶があるんです。

聞くということは、一対一の場合だったら、こっちが上の空にならずにちゃんと向こうの目を見て聞くという、割と簡単な公式がもちろんあるわけだけど、何人かで話をする場合の場のつかみ方というのも、ほんとうは、みんな本能的につかむはずのものなんです。ユングの言葉に「コンステレーション(星座・配置)」というのがあるんだけれども、複数の人がいたとき、一人一人の人がそれぞれの位置をちゃんともっている。それをこっちがちゃんと感じてバランスをとりながら相手の話を聞き、話さなきゃいけないというようなことなんだと思います。もしかすると、なかにはすごく傷ついている人もいるかもしれないし、元気すぎてうるさいみたいな人もいるかもしれないし、ある人は自分よりはるかに年上で、ある人は年下とか、ひとりひとり自分との関係の濃い薄いもいろいろあるわけです。そういうデコボコみたいなものを把握しないと話って聞けないような、こっちも話がずれてくるような気がしますよね。それは人間の声だけじゃなくて、自然音とか物音とか、そういうものを聞くときも通用することじゃないかなと思うんです。

「みみをすます」ということ。自分の心とからだの内部の、他の声や音を聞くことのできる静けさというのか、そういうものも大切ですね。自分がざわざわしているとなかなか人の話って聞けないじゃないですか。自然の音も耳に入らないし。いま声を出す、あるいは声を聞くことの障害の一つは、情報がものすごく大量にあることが影響しているという気がするんです。とにかく一日中おしゃべりがすごく多い。テレビもひっきりなしにしゃべっているし、ラジオもしゃべっているし、新聞や雑誌もしゃべっているというような感じ。活字で読んでいるから静かだと思っていても、実際にはうるさいものなんですよね。黙読していてもうるさい。騒々しいものだと思います。

いま世界中の騒々しさみたいなものが、人の声に耳を傾けることの邪魔をしている印象があります。せめて自分だけでも騒々しさからどうにか静けさの側に行きたいというか、静けさを保っていたいと思うと、ときには耳をすまさずに、耳をふさぐことも必要で、大量な情報をどういうふうに取捨選択するかということが、いまの時代はすごく問題になっているような気がするんです。

メールの文体

いま、携帯を使っていても、電話するのかメールするのか、そのときそのときで使い分けがされてますが、そこには微妙な違いがあるんじゃないかと思うんですね。実際に相手の声も聞きたいし、自分の声も伝えたい、そういう親密なときはもちろん電話で、声を通してコミュニケーションするわけだし、ちょっと距離をおきたいときは、もしかするとメールを打つんじゃないかな。そういうことを、いまの人たちはみんな無意識にやっていると思うんです。

メールが盛んに使われることと、いまの詩の状況には共通のものがあると思うんだけど、詩もひとつの自立した作品を書くというより、だれかと話をしたいという欲求から書いてる人が増えてきているような気がします。これだけコミュニケーションの技術が発達したのに、人間がみんな孤立してきている。前に「寂しさ」がいまのキーワードだなんて書いたことがあるんだけれど、みんな寂しがっている。他人となんらかの形で結ばれたいと思っていて、むかしだったら他人とのあいだには、その人との関係によっていろんな距離をちゃんとみんなもっていたわけです。手紙を書くにしても、形式的に尊敬した言葉、敬語を使って書く場合もあるし、親しい友達だったらもっとぶっきらぼうに書くみたいなことがありますが、その距離感覚みたいなものも相当混乱してきていますよね。先生でも結構名前で呼んじゃったりするわけだし。相手との距離を詰めたい、だけれども、相手とあんまり深くかかわるのはいやだみたいな孤立の仕方をみんなしているような気がします。

メールの文体というのは、相手に対する一種の甘えの形式みたいなところがすごくありますね。もちろん意味内容での甘えもあるんだけれども、口調で連帯しているっていうような。だから絵文字を使ったりするわけでしょ。メールの文体というのは、新しい孤独をまぎらわす文体というふうにぼくには見えているんです。あの場だと、自分がある程度匿名性が使えるということも大きいでしょう。それは不健康なことだと思うんです。だからふだん言えないことが言えてしまったりするとかね。

マスメディアの語りへの影響

教室での授業を見ていても、先生の語りなんかには、すごくマスメディアの影響が強いと思うんです。ほんとうは、先生というのは一人一人の生徒に自分の肉声で語りかけなきゃいけない。そのつもりでいなきゃいけないんだけれど、アナウンサー的な決まり文句で語りかけをしている先生がときどきいるんです。

そうやってマスメディアの影響を受けてしまうということは、一方で、人間として声を通しての対話の基本を学ぶ場が少なくなっていることも理由になってるのは確かでしょう。ほんとうは家庭の中で父親とか母親との対話を通して学ぶんだろうけど、父親、母親がすごい忙しいからめったに語り合うということはなくて、一方的に命令されたり叱られたりということが、きっと多いんだと思うんですよね。大家族から核家族に移ってきたということも問題でしょう。はるかに年長のおじいさんおばあさんとか、親戚の子どもたちというふうにいろんな語りの変化みたいなものがなくて、親だけみたいになっていると子どももきついんじゃないかな。先生がそこで代わりをしてくれればいいんだけど、先生も忙しいから、なかなか子どもと一対一でじっくり話すことはできないと思うんです。だから結局カウンセラーに、ということになっちゃう。カウンセラーがやっと話し相手になってくれるみたいなね。

好きな音、好きな声

声ということでいろいろお話ししましたが、ぼく自身が好きな音や声ということでは、まずなによりも自然のなかの音がすごく好きですね。父親が昭和のはじめから群馬県に山小屋を持っていて、子どものころから夏になると連れていってもらっていたんです。ぼくは東京生まれの東京育ちで、周りに自然がないことはないんだけれども、東京の郊外の自然は群馬県の自然とは全然違うわけです。そこでぼくは鳥の鳴き声とか木を渡ってくる風の音とか、そういう自然の音にすごく親しんで、それが自分にとっては一種、自分の耳の基本をつくっているといえるかもしれません。きっと、気持ちが鎮まるからということもあるんだけど、いつでもそこへ戻れば自分が健康になれるみたいな、そんな感じがしますね。川が流れるせせらぎの音とか、海の波の音とか、そういう自然の音は、もちろんぼくが大好きな音楽と比べることはできないけども、どっちが大事かといわれたら、もしかすると自然音のほうが大事かもしれないと思うぐらい好きです。

声でいうと、アメリカのブラックの人たちの声がいちばんからだにしみてくる気がします。黒人オペラ歌手の先駆者で、コントラアルトのマリアン・アンダーソンという歌手がいたんだけれど、彼女の歌う黒人霊歌、「深い河」や「時には母のない子のように」をナマで若いころ聞いて、ほんとうに感動した。それから、もう一人はマヘリア・ジャクソンというゴスペルシンガーなんだけれども、その人の歌も好きだけれども、何よりも大きなからだから出てくる歌声にほんとうに圧倒されますね。声の深さと大きさ。こっちは映画とCDで聞くだけですが、彼女の歌う“His Eye Is On the Sparrow”と“The Lord's Prayer”は、声のもつ力の極北だと思います。オペラのコロラトゥーラの美声よりも、そういうゴスペルの人の声のほうが好きですね。（談）

あとがき

河合隼雄

本書は小樽市の「絵本・児童文学研究センター」主催による、二〇〇一年十一月十一日に行われたシンポジウムを基にして成立したものである。

当日は、私の講演に続き、阪田寛夫さんの講演は、バスバリトン歌手の池田直樹さんの実演つきで、童謡やわらべうたについての話があり、その後、池田直樹さんの独唱、そして、谷川俊太郎さんをコーディネーターとする全員参加のシンポジウム、そのなかで、興に乗って谷川俊太郎さんも自作の歌を歌うということもあり、実に多彩で面白いものとなった。聴衆の人たちもおおいに満足されたことだろうと思う。全体としておおいに盛り上がったので、ＣＤにしてはという意見さえあったが、結局のところは、本書のような形でまとめることになった。

池田直樹さんの美声や、谷川俊太郎さんの好演を皆さんのお耳に届けることができず残念であるが、書物としては、多様で多彩なタイトルにふさわしいものとなるように、編集者ともども努力したつもりである。

最近は、人と人との結びつきの稀薄さが、大きい問題となっている。そんな点で、子ども時代にさかのぼって、歌や語りによる結びつきについて考えてみることは、非常に意義深いことと思われる。子どものときに歌った歌の一節を共有することで、人間関係が深まったりするものである。

本文中に述べているが、私は童謡が好きで、一人で口ずさんでいても、いろいろな思い出と共に、人と人とのつながりが感じられるほどである。阪田さんの綿密な考証によって、童謡の歴史やそれにまつわる秘話などがわかり、おおいに興味をそそられた。やはり、古い根をもっているものは、人の心をとらえる力が強いのだと了解した。

谷川俊太郎さんとは、この小樽のシンポジウムのみならず、共に仕事をすることが多いが、今回は歌手の池田直樹さんが参加して下さったことは、全体の構成をダイナミックなものとする上でおおいに役立ったと思う。忙しい日程のなかから参加していただいたことを非常に有難く思った。

このシンポジウムは、毎年のことながら、絵本・児童文学研究センターの工藤左千夫所長および所員の皆さん、それをバックアップする小樽市の方々の力によって成立したものである。ここに厚くお礼申しあげたい。

本書の成立に当っては、岩波書店編集部の樋口良澄、渡部朝香、両氏に格別のお世話になった。ここに心からお礼申しあげる。

二〇〇二年三月

本書の講演、討議は、絵本・児童文学研究センター主催「第六回文化セミナー・児童文化の中の声と語り」(二〇〇一年十一月十一日、小樽市市民会館)の記録である。収録にあたって同センターのご厚意をえた。（編集部）

岩波現代文庫版　追補

声としての詩

詩と肉声

谷川俊太郎

声としての詩

小学校の国語の授業で、教材の詩を声に出して音読させられた経験をもたない人はいないと思います。またお正月に百人一首のかるたで遊んだことのある人も多いと思います。それから近所のおじいさんが、奇妙な声で漢詩をうなっているのを聞いたことはありませんか。テレビで宮中の歌会始の朗詠の模様を見たことだってあるでしょう。小さいころ、わらべうたをとなえながら遊んだ思い出をもっている人もまだいるかもしれません。

それらはみな別々のことのようでいて、根っこはひとつです。印刷された文字を黙読するのではなく、声に出してとなえる、あるいは音読する詩。いわば目に見えないけれど、耳に訴えかける詩とも言うべきものが、今でも私たちの生活の中にたくさんあります。私たちはただそれをあまり自覚していないだけです。

つい百年ほど前までは詩は声に出して読む、つまり吟ずるのが当たり前でした。からだがむずむずして自然に声に出したくなるのが、他の言葉とは違う詩というものの魅力だったと言ってもいいでしょう。吟ずることで自分も楽しみ、人とも交流する、今で言えばカラオケみたいなものだったのかもしれません。

ですが今では詩は本のページの上に印刷してあって、ひとりでひっそり黙読するのが常識になってしまいました。電車の中で詩集をひろげて大声で朗読したりすれば、まわりの人にじろじろ見られてしまうでしょう。そんなふうに詩が声に出されなくなったのは、声に出す気になれない詩、音読してはかえって意味が分からなくなる詩が増えたからで、それにはそれなりのさまざまな理由がありますが、ここでは触れません。

そのように声をなくしたことで詩は多くのものを得ましたが、同時にまた多くのものを失いもしたのです。このアンソロジー〔大岡信・谷川俊太郎編『声でたのしむ 美しい日本の詩』岩波書店〕は日本の詩歌の歴史を声によってたどってみようというおそらく日本で初めての試みです。文字ではなく声を通して感じとることで、日本の詩歌を再発見したいと私たちは考えました。

ですから私たちは、できるだけ声に出しやすい詩、声に出して楽しく分かりやすい詩を選びました。本とCDの二本立てになっていて、CDでは声の専門家の朗読を耳から楽しむことができますし、本だけでも自分で声に出して読んでみるという楽しみかたをすることができます。

詩を自分で声にするのは照れくさいものです。小学校の教室でみんなで声を合わせて読む、いわゆる斉読はそうでもないかもしれませんが、あれは私の意見では詩の朗読と言えるものではありません。詩はあくまでひとりひとりの人間の心とからだと声によって読まれるのが基本だと思います。私も三〇年ほど前から自作朗読というのを人前でするようになりましたが、初めのうちはとても緊張して胃が痛くなったほどでした。

しかしだんだん自分の詩を自分の声で人に伝えるのが楽しくなりました。活字では味わえない良さに気がついたと言ってくれる人もいたし、反対に作者の声が詩の広がりをせばめてしまったと言う人もいましたが、私は黙っている活字を通してしか触れ合えなかった読者と、じかに向かい合えるのが嬉しかったし、また音読することで自分の詩の書きかたも少しずつ変わってきました。

日本には昔から『万葉集』『古今和歌集』をはじめとするすぐれたアンソロジー（詞華集とも言います）の伝統がありますが、明治にはいってからは『海潮音』『月下の一群』などの訳詩集を別として、歴史に名が残るようなアンソロジーが出ていません。さまざまな主題や編者によるアンソロジーはたくさん出版されているのに、どうしてなのでしょうか。

その理由のひとつとして、詩が、特に現代詩が言ってみれば専門化してしまい、毎日の生活の中で楽しまれることが少なくなったということが挙げられると思います。詩はひとりの個人の魂から生まれるものです。それは今も昔も変わりはありません。しかし昔の日本人は同時に詩を大勢で楽しむすべを知っていました。歌合わせ、連句、そして百人一首もまたそうです。

気の合った者同士が集まって詩をつくり、それを贈り合ったり、感想を言い合ったり、またみんなで合作したりして楽しんだのです。そんなときには詩は紙に書いて見せ合うだけでなく、きっと声に出して読み合ったものと想像されます。そういう背景があってこそ、自分では詩をつくらない人々もまた、詩をそれぞれの生活の中で楽しむことができたのではないでしょうか。

昔はアンソロジーと言っても、一冊の本だけを意味したわけではなかったと思います。それは暗記され口誦されることで私たちの心身に入りこみ、知らず知らずのうちに私たちの気持ちをときには慰め、ときにははげますものでした。鑑賞やら解釈やらを言うより先に、おそらくは文字よりも先に、声としての詩が私たちにおとずれていたのです。

このアンソロジーを勉強する必要はありません。声に出し、耳で聞いて楽しんでほしいのです。多少意味のとれないところがあったって気にすることはありません。私たちの母の言葉である日本語の調べとリズムはどこよりもまず、あなたのからだのうちにひそんでいるのです。声になった詩はあなたの全心身と共鳴することを望んでいます。

友人のひとりがアメリカの知人の家に泊めてもらったとき、寝室のナイトテーブルの上に一冊の詩のアンソロジーが置いてあって、それを拾い読みしながら眠ったのがとてもいい気持ちだったと話してくれたことがあります。このアンソロジーもそんなふうに何気なく、日本中の家庭にはいっていってくれるといいなあと願っています。

〔『声でたのしむ　美しい日本の詩　近・現代詩篇』一九九〇・六〕

詩と肉声

私　「先日或る英国人と話していて、たまたまぼくが某氏の詩をほめたところ、そんなにいいのならその作品をひとつふたつ暗誦してくれと言われた。ぼくがそれはできないと言うと、かの英国人はそれはおかしい、暗誦できぬのはお前が本当にその詩に感動していない証拠だと言うんだ。英語で書かれた詩の場合には、いい詩句は読者の心にこびりついてしまって、忘れようとしても忘れられるものではないと言う。目で読んでいても、耳がひとりでに憶えてしまうものらしい。

日本語で書かれた詩の場合はそうはいかない。俳句、短歌にはそういうことがあり得たかもしれないが、現代詩では暗誦できぬからそれが悪い詩ということにはならないとぼくは説明したのだが、相手は納得しかねたようだった。日本語詩と英語詩のちがいの一面がはっきり分かって印象的だった」

読者　「そういう英語詩であればこそ、詩の朗読ということの楽しさも出てくるんだろうな。日本の現代詩の朗読も二、三聞いてみたが、詩人その人を目前にするという一種の好奇心の満足を除いては、あまり面白いとは思わなかったが」

私　「意味を伝達するという面から見れば、朗読はおそらく活字に劣るよ。日本語の場合、同音異義も多いし、漢字で表記された観念語なんか耳は受けつけてくれないこともある。目を通じての了解が知的だとすれば、耳を通じての了解はより情念的、肉体的と言えるから、声にされた詩はどうしても音楽のほうへ傾斜するな。

だが詩には常に或る〈声〉が内在していると、きみは感じないかね。その声は何も詩の作者自身の声とは限らないのさ。地獄からの声か天国からの声か、はたまた民の声か神の声か知らないけど、とにかくその声は意味を伝達すればそれで止むというようななな声じゃなく、もっとおどろおどろしたものなんだ」

読者　「そういう声は、活字を通してだって聞きとることはできるよ。いやむしろ詩人自身や俳優の下手な朗読が、その声をかき消してしまうことだってある」

私　「ずいぶんミもフタもないことを言うね。まあそういうこともあり得るのは認めるよ。しかし、活字と対する時、きみはひとりぼっちだ。だが、肉声化された詩を聞く時、きみは何人かの聴衆と共にいる。少なくとも朗読者ときみは向かいあっている。そういうひとつの〈場〉をぼくは大切に考えたいんだ。そういう場は、演劇の場と同じように、基本的にお祭り的性格をもった場だと思う。

詩人、もしくは朗読者は、そこでは呪術師ないしミコに近い存在になれる可能性をもってるんじゃないだろうか。印刷媒体によるマス・コミュニケーションをぼくはもちろんいちがいに否定しないけれど、肉声による詩の伝達の場は、一種中央集権化したマスコミ的一方通行よりも、ずっと小さいけれどいきいきしてる。そういう場がマスコミという場にとって代わるかどうかは分からないが、少なくとも欠けているものを補足はするんじゃないか」

読者　「だけど、今沢山書かれている現代詩は、そういうお祭り的な場にふさわしいものだろうか。相変わらずそれらは頭でっかちで、密室でのひとりずもうに思えるし、それらをまた強引に肉声化することで、言語のアイマイな面ばかりを聴衆に押しつけてくる。聴衆は聴衆で、珍種の流行歌でも聞くつもりで、聞き流しているんじゃないのかな」

私　「そういう見方も当然あるさ。だが、詩が読まれるだけでなく聞かれるものだということが習慣になってきたら、詩自身も影響を受けるよ。ぼくは基本的にまず、肉声というものの不可知的な力を信じようとしてるのだと言っていい。人間の苦痛の叫びや快楽のうめきは、文字化できず言語化できないものだ。言語は一種の抽象だが、肉声はそれ以前でわれわれをとりかこむ宇宙に結ばれている。インスピレーションという言葉だって、もともとは息、すなわち肉体に関した言葉なんだ。詩を声に出すということは、印刷された文字を声に翻訳することとはちがうんだ。声は、書かれた詩以前のところから、詩を通って出てくるんだよ」

読者　「逆に言えば、そういう声を感じさせてくれなければ、詩の朗読も無意味だし、楽しくないということだね。英語詩の場合は、詩を声に出す伝統がふつうの家庭の中にも、とぎれずに続いてきているらしいけれど、日本語の場合には、詩に限らずだが、たとえば正しい話しかたとか、雄弁術とかの伝統も現代には存在しないね。だから詩の朗読を聞いていても、みんな自己流でてんでんばらばらなんだ。耳から入ってきた詩が、聴衆の心の中に民族共有の魂の財産として残ってくれないという感じだ。ひとりひとりの詩人の孤独な声はたしかに聞きとれるけれど、それが聴く者の心をひとつにむすんでくれるかと言えばむしろ逆だな」

私　「その責任を詩人ひとりが肩に負うわけにはいかないよ。詩人の側から見ても、昔書いた詩を何度も何度も声に出すのは、時には苦痛以外の何ものでもないんだ。絶対に朗読なんかしないという詩人の気持もぼくはよく分かるよ。ただぼくには、自分の体の中に、活字だけでは伝えきれないものが何かあるんだな。同じひとつの単語も、呟くのと叫ぶのとでは内容がちがってくる。朗読は詩をより正確に伝えるひとつの方法だとも言えるんだ」

読者　「呟きや叫びでは詩がセリフになりかねないね。次元のちがう声の様式ともいうべきものが、詩にはなきゃいけないと思うんだがなあ」

〔『サンケイ新聞』一九七二・六・一九〕

本書は二〇〇二年四月、岩波書店より刊行された。現代文庫化に際し、谷川俊太郎による二論考（「声としての詩」（『声でたのしむ　美しい日本の詩　近・現代詩篇』一九九〇・六）、「詩と肉声」（『サンケイ新聞』一九七二・六・一九））を新たに付した。

声の力――歌・語り・子ども

2019年10月16日　第1刷発行

著　者　河合隼雄《かわいはやお》　阪田寛夫《さかたひろお》
谷川俊太郎《たにかわしゅんたろう》　池田直樹《いけだなおき》

発行者　岡本　厚

発行所　株式会社　岩波書店
〒101-8002 東京都千代田区一ツ橋 2-5-5

案内 03-5210-4000　営業部 03-5210-4111
https://www.iwanami.co.jp/

印刷・精興社　製本・中永製本

© 一般財団法人河合隼雄財団，内藤啓子，
谷川俊太郎，池田直樹 2019
ISBN 978-4-00-602312-6　Printed in Japan

岩波現代文庫の発足に際して

新しい世紀が目前に迫っている。しかし二〇世紀は、戦争、貧困、差別と抑圧、民族間の憎悪等に対して本質的な解決策を見いだすことができなかったばかりか、文明の名による自然破壊は人類の存続を脅かすまでに拡大した。一方、第二次大戦後より半世紀余の間、ひたすら追い求めてきた物質的豊かさが必ずしも真の幸福に直結せず、むしろ社会のありかたを歪め、人間精神の荒廃をもたらすという逆説を、われわれは人類史上はじめて痛切に体験した。

それゆえ先人たちが第二次世界大戦後の諸問題といかに取り組み、思考し、解決を模索したかの軌跡を読みとくことは、今日の緊急の課題であるにとどまらず、将来にわたって必須の知的営為となるはずである。幸いわれわれの前には、この時代の様ざまな葛藤から生まれた、人文、社会、自然諸科学をはじめ、文学作品、ヒューマン・ドキュメントにいたる広範な分野のすぐれた成果の蓄積が存在する。

岩波現代文庫は、これらの学問的、文芸的な達成を、日本人の思索に切実な影響を与えた諸外国の著作とともに、厳選して収録し、次代に手渡していこうという目的をもって発刊される。いまや、次々に生起する大小の悲喜劇に対してわれわれは傍観者であることは許されない。一人ひとりが生活と思想を再構築すべき時である。

岩波現代文庫は、戦後日本人の知的自叙伝ともいうべき書物群であり、現状に甘んずることなく困難な事態に正対して、持続的に思考し、未来を拓こうとする同時代人の糧となるであろう。

（二〇〇〇年一月）

岩波現代文庫［文芸］

B291
中国文学の愉しき世界
井波律子

烈々たる気概に満ちた奇人・達人の群像、壮大にして華麗な中国的物語幻想の世界！　中国文学の魅力をわかりやすく解き明かす第一人者のエッセイ集。

B292
英語のセンスを磨く
―英文快読への誘い―
行方昭夫

「なんとなく意味はわかる」では読めたことにはなりません。選りすぐりの課題文の楽しく懇切な解読を通じて、本物の英語のセンスを磨く本。

B293
夜長姫と耳男
近藤ようこ漫画
坂口安吾原作

長者の一粒種として慈しまれる夜長姫。美しく、無邪気な夜長姫の笑顔に魅入られた耳男は、次第に残酷な運命に巻き込まれていく。〔カラー6頁〕

B294
桜の森の満開の下
近藤ようこ漫画
坂口安吾原作

鈴鹿の山の山賊が出会った美しい女。山賊は女の望むままに殺戮を繰り返す。虚しさの果てに、満開の桜の下で山賊が見たものとは。〔カラー6頁〕

B295
中国名言集　一日一言
井波律子

悠久の歴史の中に煌めく三六六の名言を精選し、一年各日に配して味わい深い解説を添える。毎日一頁ずつ楽しめる、日々の暮らしを彩る一冊。

B296
三国志名言集
井波律子

波瀾万丈の物語を彩る名言・名句・名場面の数々。調子の高さ、響きの楽しさに、思わず声に出して読みたくなる! 情景を彷彿させる挿絵も多数。

B297
中国名詩集
井波律子

前漢の高祖劉邦から毛沢東まで、選び抜かれた珠玉の名詩百三十七首。人が生きることの哀歓を深く響かせ、胸をうつ。

B298
海うそ
梨木香歩

決定的な何かが過ぎ去ったあとの、沈黙する光景の中にいたい——。いくつもの喪失を越えて、秋野が辿り着いた真実とは。〈解説〉山内志朗

B299
無冠の父
阿久悠

舞台は戦中戦後の淡路島。「生涯巡査」の父をモデルに著者が遺した珠玉の物語が文庫に。父親とは、家族とは? 〈解説〉長嶋有

B300
実践 英語のセンスを磨く
—難解な作品を読破する—
行方昭夫

難解で知られるジェイムズの短篇を丸ごと解説し、読みこなすのを助けます。最後まで読めば、今後はどんな英文でも自信を持って臨めるはず。

岩波現代文庫［文芸］

B301-302

またの名をグレイス(上・下)

マーガレット・アトウッド
佐藤アヤ子訳

十九世紀カナダで実際に起きた殺人事件を素材に、巧みな心理描写を織りこみながら人間存在の根源を問いかける。ノーベル文学賞候補とも言われるアトウッドの傑作。

B303

塩を食う女たち
聞書・北米の黒人女性

藤本和子

アフリカから連れてこられた黒人女性たちは、いかにして狂気に満ちたアメリカ社会を生きのびたのか。著者が美しい日本語で紡ぐ女たちの歴史的体験。〈解説〉池澤夏樹

B304

余白の春
―金子文子―

瀬戸内寂聴

無籍者、虐待、貧困――過酷な境遇にあって自らの生を全力で生きた金子文子。獄中で自殺するまでの二十三年の生涯を、実地の取材と資料を織り交ぜ描く、不朽の伝記小説。

B305

この人から受け継ぐもの

井上ひさし

著者が深く関心を寄せた吉野作造、宮沢賢治、丸山眞男、チェーホフをめぐる講演・評論を収録。真摯な胸の内が明らかに。〈解説〉柳 広司

B306

自選短編集 パリの君へ

高橋三千綱

売れない作家の子として生を受けた芥川賞作家が、デビューから最近の作品まで単行本未収録の作品も含め、自身でセレクト。岩波現代文庫オリジナル版。〈解説〉唯川 恵

2019. 10

岩波現代文庫［文芸］

B307-308
赤い月（上・下）
なかにし礼

終戦前後、満洲で繰り広げられた一家離散の悲劇と、国境を越えたロマンス。映画・テレビドラマ・舞台上演などがなされた著者の代表作。〈解説〉保阪正康

B309
アニメーション、折りにふれて
高畑勲

自らの仕事や、影響を受けた人々や作品、苦楽を共にした仲間について縦横に綴った生前最後のエッセイ集、待望の文庫化。〈解説〉片渕須直

B310
花の妹 岸田俊子伝
―女性民権運動の先駆者―
西川祐子

京都での娘時代、自由民権運動との出会い、政治家・中島信行との結婚など、波瀾万丈の生涯を描く評伝小説。文庫化にあたり詳細な注を付した。〈解説〉和崎光太郎・田中智子

B311
大審問官スターリン
亀山郁夫

自由な芸術を検閲によって弾圧し、政敵を粛清した大審問官スターリン。大テロルの裏面と独裁者の内面に文学的想像力でせまる。文庫版には人物紹介、人名索引を付す。

B312
声の力
―歌・語り・子ども―
河合隼雄
阪田寛夫
谷川俊太郎
池田直樹

童謡、詩や絵本の読み聞かせなど、人間の肉声の持つ力とは？ 各分野の第一人者が「声」の魅力と可能性について縦横無尽に論じる。

2019. 10